O MEDO É UMA MASTURBAÇÃO MENTAL

Do Autor:

Como se tornar linda, rica e perua

Giulio Cesare Giacobbe

O MEDO É UMA MASTURBAÇÃO MENTAL

Como se livrar dele para sempre

2ª edição

Tradução
Carlos Araujo

Copyright © 2010 Giulio Cesare Giacobbe
Publicado originalmente na Itália em 2010 por Arnoldo Mondadori Editore S.p.A.
Esta edição é publicada mediante contrato com PNLA/Piergiorgio Nicolazzini Literary Agency
Título original: *La paura è una sega mentale*

Capa e ilustração: Rafael Nobre

Editoração: DFL

Texto revisado segundo o novo
Acordo Ortográfico da Língua Portuguesa

2012
Impresso no Brasil
Printed in Brazil

CIP-Brasil. Catalogação na fonte
Sindicato Nacional dos Editores de Livros, RJ

G356m   Giacobbe, Giulio Cesare
2ª ed.   O medo é uma masturbação mental: como se livrar dele para sempre/Giulio Cesare Giacobbe; tradução Carlos Araujo. – 2ª ed. – Rio de Janeiro: Bertrand Brasil, 2012.
   256p. : 21 cm

   Tradução de: La paura è una sega mentale
   ISBN 978-85-286-1506-7

   1. Medo. I. Título.

11-2168

CDD – 152.46
CDU – 159.942

Todos os direitos reservados pela:
EDITORA BERTRAND BRASIL LTDA.
Rua Argentina, 171 – 2º andar – São Cristóvão
20921-380 – Rio de Janeiro – RJ
Tel.: (0xx21) 2585-2070 – Fax: (0xx21) 2585-2087

Não é permitida a reprodução total ou parcial desta obra, por quaisquer meios, sem a prévia autorização por escrito da Editora.

Atendimento e venda direta ao leitor:
mdireto@record.com.br ou (21) 2585-2002

Sumário

9   O medo

25   A neurose infantil

39   A psicoterapia evolutiva

53   O tanguista

65   A autoimagem

75   A subpersonalidade

87   A criança

103   Vincenzo

121   A personalidade

133   A autoimagem adulta

139   A construção da autoimagem adulta

149   O modelo

161	O treinamento para o desenvolvimento da personalidade adulta
173	A visualização guiada
183	A criança dentro de nós
191	A Grande Mãe
199	A Mulher de Luz e o Guerreiro de Luz
205	Visualização e conceitualização
211	Os reforços
219	A respiração
233	A experiência
251	A dinâmica da psicoterapia evolutiva

O MEDO É UMA MASTURBAÇÃO MENTAL

O medo

O medo é um tigre traiçoeiro à espreita, sempre pronto para nos agarrar.

E nos segue por toda a vida.

O medo é a única coisa que pode arruinar essa nossa vida maravilhosa.

O resto — perdas, abandonos, derrotas, humilhações, agressões — nos faz sofrer somente porque vem acompanhado do medo.

Sem o medo, nenhum acontecimento, nem mesmo os negativos, da nossa vida consegue nos tirar a natural alegria de viver.

Todo o nosso sofrimento deriva do medo.

todo o nosso sofrimento deriva do medo

A incompreensão, a amargura, a desconfiança, a suspeita, a mágoa, o rancor, o ódio, a agressividade, a violência, o mau humor, a tristeza, a melancolia, a angústia, o desespero.
Tudo é produzido pelo medo.
O medo é o verdadeiro grande inimigo da nossa vida.

o medo é o verdadeiro grande inimigo da nossa vida

Da nossa felicidade.
Da nossa paz.
Da nossa alegria de viver.
O medo é o *demônio*.
Mas esse demônio não existe fora de nós.
O demônio está dentro de nós.
Somos nós mesmos.
Ou melhor, uma parte de nós mesmos.
De fato, o que é o medo?
O medo é a *nossa reação* a uma *agressão*.
Sabemos que ficamos com medo quando somos sujeitos a uma agressão.[1]

---

[1] Muitas vezes me chamam de mestre do óbvio. O óbvio são aquelas coisas que estão à vista de todos, mas que ninguém vê. E, quando alguém vê, o outro diz: "Mas é óbvio!" Para mim, acho ótimo ser

Mas não sabemos que a agressão é definida não pela realidade, mas pelo nosso *filtro cognitivo*.

as agressões são definidas pelo nosso filtro cognitivo

O nosso relacionamento com o mundo não é direto.
Ele passa pelo nosso cérebro.
O filtro cognitivo está no nosso cérebro.
O diagrama seguinte ilustra o processo.

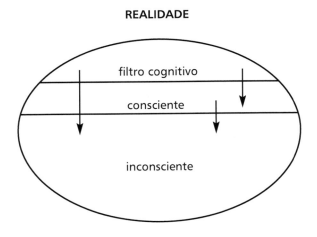

---

considerado o mestre do óbvio. Porque estou em boa companhia. Mestres do óbvio eram também Bertrand Russell, George Bernard Shaw e Oscar Wilde. Por que todos ingleses?

O nosso inconsciente, isto é, o nosso *cérebro*, determina o nosso filtro cognitivo, que é totalmente *pessoal*.

De fato, deriva da *nossa* experiência, e assim da *nossa* memória.

A realidade é interpretada pelo nosso filtro cognitivo e é essa interpretação que, para nós, constitui a realidade.

Eis por que a realidade é vista de modo diferente por cada um de nós.

Não vemos a realidade, mas sim a nossa *interpretação da realidade*.

não vemos a realidade, mas sim a nossa interpretação da realidade

Que é definida pelo nosso filtro cognitivo.

Se entendemos como uma agressão alguém nos oferecer uma dose de uísque e soda, para nós isso é uma agressão.[2]

E não se pode fazer nada.

Esse processo cerebral foi descoberto pela tradição iogue indiana vários séculos antes de Cristo.[3]

---

[2] É exatamente o que acontece se o uísque e soda é oferecido a um muçulmano praticante.

[3] "A percepção é o produto do encontro do objeto com a autoimagem do sujeito e suas emoções." Patanjali, Yoga Sutra, IV, 23 (século III a.C.). Ver o meu livro *La psicologia dello Yoga (lettura psicologica degli*

Esta é a *causa primária* do medo.
Não a agressão, mas a *nossa definição de uma agressão*.

a causa primária do medo é a nossa definição de uma agressão

Obviamente, a agressão também pode ser real.
Nesse caso, está certo ficar com medo.
Quando o Criador inventou o medo, não queria lhe fazer mal.
Queria lhe dar um presente.
Como sempre.[4]
É a sua grande solução para nos defendermos da agressão.
Sem o medo seríamos extintos.
Aparece na sua frente um tigre-dentes-de-sabre.
O que você faz?

Yoga Sutra di Patanjali) [A psicologia do Ioga (leitura psicológica do Ioga Sutra de Patanjali)], Ecig, Gênova, 1994. O compêndio de Patanjali reúne uma tradição oral muito mais antiga, logo essa descoberta se refere a muitos séculos antes de Cristo.

[4] O Criador é uma pessoa boa e generosa. Sempre nos deu presentes. O primeiro foi Eva. Eva é um presente belíssimo. Pena que ela não possa dizer a mesma coisa sobre Adão. Mas sempre existe algum descontentamento. É natural. Não se pode agradar a todos. Nem mesmo Ele consegue.

Você foge como um raio.
Justamente.
E o tigre perde uma refeição.
Até aqui tudo bem.
Se você não é o tigre.
Mas você está na sua sala de estar.
E imagina que está diante de um tigre.
E você está com medo.
O que você faz?
Foge como um raio?
Não.
Você sabe muito bem que não adianta.
E agora, o que você faz?
Fica na sua sala de estar tremendo de medo.
Mas na sua sala de estar não tem nenhum tigre pavoroso.
Aí está: isso é o medo, na maioria das vezes.
Medo de alguma coisa *que não existe*.
De alguma coisa que apenas *lhe vem à mente*.
Que é apenas *imaginada*.
Chama-se *medo imaginário*.
Uma grande masturbação mental.[5]

---

[5] Cf. meu livro *Come smettere di farsi le seghe mentali e godersi la vita* [Como deixar de fazer masturbação mental e gozar a vida], Ponte alle Grazie, Milão, 2003.

Este livro trata do medo imaginário.
Não do medo real.[6]
Que é um medo normal.
Mas do medo imaginário.
Da grande masturbação mental que é o medo imaginário.
Como distinguir um medo imaginário do medo real?
Simples.
Todas as vezes que você *não tem materialmente na sua frente* aquilo que lhe dá medo, trata-se de um *medo imaginário*.
De uma masturbação mental.

---

[6] Nenhum livro pode explicar o medo verdadeiro. A menos que estampe uma foto de Bin Laden. Mas deve estar fantasiado de bailarina russa. Senão não dá medo. Estamos habituados demais a vê-lo na televisão, autoentrevistando-se, vestido de terrorista, isto é, vestido de caipira afegão, com a kalashnikov no lugar da foice; isso já ficou chato. Ultimamente ninguém mais lhe dá atenção. Além disso, quem alguma vez o entendeu? Fala árabe! Minha neta Greta, que quando o viu pela primeira vez tinha 4 anos (ela, e não Bin Laden; este ano faz sua primeira comunhão, sempre ela), me perguntou: "Quem é esse caipira afegão vestido de terrorista?" "Bin Laden." "Ah." E mudou de canal.
(A edição italiana deste livro foi publicada anteriormente à morte de Bin Laden [N.E.].)

*todas as vezes que você não tem materialmente
na sua frente aquilo que lhe dá medo,
trata-se de um medo imaginário,
isto é, de uma masturbação mental*

Sei por que é difícil para você acreditar.

Você está tão habituada a aceitar como real o seu medo imaginário que não consegue mais distingui-lo do real.[7]

Você tem medo de andar de avião; se pegar um, ele logo cairá.[8]

É o que me disse uma cliente.

Ante a minha objeção, que não entendia por que deveria acontecer justamente com ela, me respondeu: "É possível ou não que o avião que vou tomar se espatife?"

---

[7] Este livro é dedicado a todos, mas, por uma nêmesis histórica da qual me constituo paladino, porque sou de um feminismo que dá nojo, escrevo tudo no feminino. Por que sempre no masculino? Basta! Doravante tudo no feminino! De qualquer modo, os homens nem estão aí. Pelo menos, assim espero. Se ficarem incomodados, pior para eles. De qualquer modo, representam apenas 20% dos compradores de livros. E 5% dos que os leem. Do que se deduz que até os homens jogam dinheiro fora, e não somente as mulheres.

[8] O nosso modo de falar é realmente divertido. "Vou pegar um avião." Mas é um absurdo! Entre toda afobada na perfumaria do aeroporto e diga: "Quero um par de pinças, rápido, tenho que pegar um avião." É óbvio que lhe responderão: "Lamentamos, mas tão grande assim não temos."

"Certamente."
"Viu?"
Mas o possível não é real.

o possível não é real

Porque o conjunto de coisas possíveis é infinito.

o conjunto de coisas possíveis é infinito

Entretanto, o conjunto de coisas reais não somente é finito como também muito limitado.

o conjunto de coisas reais é finito e limitado

Se queremos mesmo fazer uma previsão, não devemos recorrer ao possível, mas ao *provável*.
Como fazem as companhias de seguros.
As probabilidades de queda de um avião são infinitesimais.[9]

---

[9] "Se considerarmos uma média mundial de 30.000 voos por dia (10.950.000 por ano), chegamos a 0,000012%. As probabilidades de nos envolvermos num acidente de avião são baixíssimas e mais baixas ainda de morrermos nele. Imagine que só na Itália são 3.000 mortos em acidentes rodoviários por ano" (http://it.answers.yahoo.com/question/index?qid=20081106152739AASB8aU). "Durante todo o

Mas a minha cliente não se convenceu.

Quem tem medo nunca se convence com palavras.

Entrou no seu automóvel e, para não pegar o avião, percorreu 600 quilômetros de estrada.[10]

Mas é tanto...

Há muita gente que vive do medo do possível.

Como é possível?

Porque, como disse Patanjali, *a percepção é o produto do encontro do objeto com a autoimagem do sujeito e as suas emoções.*

E é de fato a autoimagem de nós mesmos que produz o medo.

Se um elefante ataca um minúsculo cão yorkshire, este tem um ataque epilético.

Se um minúsculo cão yorkshire ataca um elefante, este dá um bocejo.

---

triênio 2007/2009 a situação das companhias registradas na nossa cidade é de total respeito: em cerca de 2 milhões de decolagens registradas não ocorreu nenhum acidente mortal" (http://www.aduc.it/notizia/incidenti+aerei+aumentano+morti_115178.php).

[10] "Todo dia na Itália ocorrem, em média, 598 acidentes rodoviários, que provocam a morte de 13 pessoas e ferimentos em 849. Em geral, no ano de 2008 os acidentes rodoviários registrados totalizaram 218.963. Estes causaram a morte de 4.731 pessoas, ao passo que 310.739 sofreram lesões corporais de diversos níveis de gravidade. Síntese do estudo ISTAT-ACI sobre os acidentes rodoviários na Itália em 2008 (http://www.aci.it/fileadmin/documenti/studi_e_ricerche/dati_statistiche/incidenti/Sintesi_dello_studio_2008.pdf).

Como é possível?

Porque, ao contrário dos homens, os animais sabem perfeitamente quem são.

O elefante sabe muito bem que é um elefante, e o minúsculo cão yorkshire sabe muito bem que é um minúsculo cão yorkshire.

É por isso que sempre treme.

Os animais, não tendo a capacidade de pensar, não criam uma autoimagem diferente da realidade e, logo, não fazem masturbação mental.

Entretanto, nós, com o pensamento, criamos uma *autoimagem mental* de nós mesmos, independentemente da realidade.

E, de fato, essa autoimagem é que gera o medo.

O medo é gerado da nossa autoimagem.

o medo é gerado da nossa autoimagem

Se você se aventurar numa rua estreita de Londres e se imaginar como uma vítima de Jack, o Estripador, você terá medo.[11]

Mas se você se sente como a rainha Elizabeth quando leva o cachorro para fazer pipi.

Que tem em torno de si duzentos policiais da sua segurança.

---

[11] Mas você deve se sentir como uma puta, pois ele só matava putas.

Você nem pensa em Jack, o Estripador.
E fica cantarolando como se não estivesse nem aí.[12]
Se você se sente uma *adulta*, capaz de enfrentar qualquer perigo, você não tem medo de nada.

---

[12] Mas não como daquela vez que, num beco de Londres, um Bentley buzinava inutilmente atrás de um Rolls Royce pedindo passagem, até que, num trecho mais largo, o Bentley ultrapassa o Rolls Royce e para na sua frente. Do Jaguar sai um motorista de uniforme. Do Rolls Royce também sai um motorista de uniforme. O do Jaguar diz ao do Rolls Royce: "Ei, meu senhor, não ouviu que eu estava buzinando?" "Sim, parece que ouvi uma buzina", responde o outro com uma fleuma bem inglesa. "Mas o senhor sabe quem eu estou conduzindo neste Jaguar?" "Não faço ideia." "O senhor Jaguar, proprietário da fábrica de automóveis Jaguar." "Não sabia..." "E o senhor sabe quem eu estou levando, além do senhor Jaguar, proprietário da fábrica de automóveis Jaguar?" "Não saberia..." "A senhora Jaguar, mulher do senhor Jaguar, proprietário da fábrica de automóveis Jaguar." "Oh..." "E o senhor sabe quem eu estou levando, além do senhor Jaguar e da senhora Jaguar, mulher do senhor Jaguar, proprietário da fábrica de automóveis Jaguar?" "Certamente que não." "O senhorzinho Jaguar, filho da senhora Jaguar e do senhor Jaguar, proprietário da fábrica de automóveis Jaguar." "Oh." "E o senhor sabe quem eu estou levando, além do senhorzinho Jaguar, da senhora Jaguar e do senhor Jaguar, proprietário da fábrica de automóveis Jaguar?" "Bem..." "A senhorita Jaguar, filha da senhora Jaguar e do senhor Jaguar, proprietário da fábrica de automóveis Jaguar." Neste ponto, o motorista do Rolls Royce, perdendo a fleuma inglesa, abre a porta traseira do carro, arrasta pelos cabelos para fora a rainha Elizabeth e a joga no chão, dizendo: "E esta, para você, é merda?"

se você se sente uma adulta,
capaz de enfrentar qualquer perigo,
você não tem medo de nada

Mantenha a calma.
É isso que fazem os adultos.
Mantêm a calma.
Mas, se você se sente uma *menina*, você tem medo de qualquer coisa.

mas, se você se sente uma menina, *você tem medo de qualquer coisa*

As crianças, de fato, ficam com medo antes que as coisas aconteçam.
Aliás, muitas vezes quando nada está acontecendo.
Para elas, basta pensar.
Ter medo por causa de uma simples ideia é tipicamente infantil.

ter medo por causa de uma simples ideia
é tipicamente infantil

Mas os medos pensados não são reais, são *medos imaginários*.

> *mas os medos pensados não são reais,*
> *são medos imaginários*

E os medos imaginários são masturbações mentais.

> ***e os medos imaginários são***
> ***masturbações mentais***

A criança é cheia de medos imaginários, de masturbações mentais.
Vamos esclarecer bem este ponto, pois é fundamental.
Os medos imaginários são *típicos das crianças*.

os medos imaginários são típicos das crianças

É certo que os medos imaginários são terríveis.
O medo imaginário é muito mais doloroso do que o medo real.
Porque o medo real é limitado a poucos objetos e a poucos momentos.
O medo imaginário, entretanto, não tem limites.
Nem temporais nem espaciais.
É o medo *de tudo*.
É medo *sempre*.
A condição da *criança* é esta.
Ter sempre medo de tudo é uma situação tipicamente infantil.

ter sempre medo de tudo é uma situação tipicamente infantil

Todos pensam que as crianças são criaturas felizes.
Nada é mais falso.
As crianças são as pessoas mais infelizes do mundo.
Depois dos minúsculos cães yorkshire, é claro.[13]
Sofrem de medo, insegurança, ansiedade, depressão, angústia e ataques de pânico.
Até aqui tudo bem.
Por assim dizer.
Tudo bem no sentido de que é normal.
É normal que um menino tenha este estado de ânimo.
É um menino.[14]
Não tem condições de sobreviver.

---

[13] Os minúsculos yorkshire não existem na natureza. Na realidade, tampouco existem yorkshire normais na natureza. Nenhum cachorro existe na natureza. Pouca gente sabe que os cachorros são animais artificiais criados pelo homem. Obtidos mediante cruzamento entre canídeos naturais e lobos com os animais mais diversos. É fácil imaginar de que animal deriva o poodle. Mas como conseguiram convencer uma ovelha a se deitar com um lobo? E o bassê? E o greyhound e o buldogue? Resultam de quais cruzamentos? Me dá arrepios só de pensar.

[14] Se você não é um menino, mas uma menina, não vista a carapuça. Saiba que esta nossa sociedade machista miserável usa o masculino para ambos os sexos! E não para ser o primeiro. Usam o masculino por pura crueldade contra as meninas!

E assim tem medo de tudo.
Mas depois o menino cresce.
E quando fica grande o medo passa.
Deixa de ter medos imaginários.
Só tem medos reais.
Pois o adulto tem somente medos reais.

o adulto tem somente medos reais

Que são muito saudáveis.
Senão seria engolido cada vez que encontrasse um tigre.
Mas se não cresce.
Se não se torna adulto.
Se permanece menino.
Ou mesmo uma menina.
Mesmo que tenha cabelos nas axilas.
E agora?
Agora, o que acontece?
É o que você vai saber lendo o capítulo seguinte.

A neurose infantil

Se quando crescem cabelos nas suas axilas você não se tornou adulta.[15]
Mas continua a ser uma menina e a ter medos imaginários.
Medo de tudo.
Então você é uma adulta que se comporta como uma criança.
Como alguém que se acha um Napoleão.
Mas quem se acha um Napoleão é louco.
Pois não corresponde à realidade.

---

[15] Falo de cabelos nas axilas porque sou uma pessoa refinada: poderia dizer coisas mais pesadas.

E isso constitui uma *doença*.

E não estar em correspondência com a realidade é uma doença.

Que se chama *neurose*.[16]

não estar em correspondência com a realidade constitui uma neurose

Quem se imagina como uma criança, embora sendo um adulto, é um *neurótico*.

Comportar-se como uma criança quando se é um adulto é *neurótico*.

***comportar-se como uma criança quando se é um adulto é* neurótico**

Pois não se está em correspondência com a própria realidade de adulto.

Continuar a ter medos imaginários não sendo mais uma criança é uma neurose.

---

[16] Freud já havia definido a neurose como um comportamento forçado sem sintonia com a realidade.

*continuar a ter medos imaginários
não sendo mais uma criança
é uma neurose*

De fato, o medo imaginário em adultos é um comportamento *neurótico*.

*o medo imaginário em adultos é um
comportamento* **neurótico**

Pois ter medos imaginários é um comportamento típico das crianças.

*ter medos imaginários é um comportamento
típico das crianças*

O fato de continuar a ter medos imaginários é neurótico porque é um comportamento de criança e você não é mais uma criança.

Logo, seu comportamento não é correspondente à sua realidade.

Continuar a comportar-se como criança quando se é adulto constitui uma *neurose infantil*.

comportar-se como criança quando se é adulto constitui uma **neurose infantil**

De fato, a neurose infantil consiste na persistência da personalidade infantil no adulto.

a neurose infantil consiste na persistência da personalidade infantil no adulto

O *medo imaginário* é o sintoma principal da neurose infantil.

o medo imaginário é o sintoma principal da neurose infantil

A neurose infantil não é loucura.
Diversamente da loucura, a neurose infantil é curável.[17]
Como fazer, então, para curar a neurose infantil?
Como fazer para se liberar do medo imaginário?
Só existe um modo para se liberar de uma vez por todas do medo imaginário.
Deixar de ser criança e se tornar adulto.

---

[17] A distinção principal entre a neurose e a loucura é justamente esta: a primeira é curável, e a segunda não. Donde se deduz que ser psicoterapeuta, que se dedica ao tratamento das neuroses, é mais satisfatório do que ser um psiquiatra, que se dedica aos loucos. Foi por isso que, desde criança, decidi ser psicoterapeuta.

*para se liberar de uma vez por todas
do medo imaginário,
precisa deixar de ser criança
e se tornar adulto*

Somente assim é possível alcançar a cura da neurose infantil.

Pois é a neurose infantil que faz você permanecer criança.

A neurose infantil é que faz com que você viva de medos imaginários.

É a neurose infantil que arruína a sua vida.

A neurose infantil apresenta distúrbios seriíssimos, gravíssimos, incapacitantes.

E absolutamente não pode ser tratada de modo superficial.

Ataques de pânico, medo generalizado, ansiedade, depressão, angústia, comportamento maníaco ou fóbico, bipolaridade,[18] insegurança, infelicidade crônica.

---

[18] O assim chamado distúrbio bipolar, ou síndrome maníaco-depressiva, consiste em passar sistematicamente de um estado ansioso a um estado depressivo ou vice-versa. Tem sido definido como um "mal incurável". "Um estudo epidemiológico, realizado pela Organização Mundial da Saúde, publicado em 1994 (a pesquisa durou dois anos, atingindo uma amostra de 80.000 pessoas, pacientes e médicos), chegou às seguintes conclusões: 1) 15%-20% da população italiana

A neurose infantil é muito difundida hoje.

Porque, nos dias que correm, na sociedade de alto nível econômico, tornar-se adulto é difícil.

Por quê?

Porque, para se tornar adulto, é preciso separar-se dos pais e aprender a se virar sozinho.

para se tornar adulto, é preciso separar-se dos pais e aprender a se virar sozinho

Como fazem todos os animais na natureza.[19]

(cerca de 3 milhões de pessoas) é afetada por distúrbios do tipo depressivo. 2) Tal porcentagem sobe para 40%-50% (cerca de 7 milhões e meio de pessoas) quando se considera a sintomatologia depressiva associada a ansiedade e ataques de pânico (pesquisa realizada sob a administração direta de médicos de base). 3) Em 70% dos casos os ditos distúrbios não são diagnosticados corretamente. 4) Das pessoas afetadas pela depressão ou pelos sintomas associados a ansiedade ou ataques de pânico, somente uma minoria (cerca de 18% ou menos de um milhão entre 7,5 milhões) consulta um terapeuta especializado, isto é, um psiquiatra. 5) O custo social da depressão, ansiedade ou ataque de pânico na Itália é de cerca de 4 bilhões de euros, aproximadamente, por ano. 6) O preconceito contra os psicofármacos é muito difundido. 7) A depressão, a ansiedade e os ataques de pânico são muito comuns, subdiagnosticados e pouco tratados" (Salvatore Di Salvo, *Il male incurabile* [O mal incurável], http://depressione-ansia.it/upload/pdf/pub_19126615.pdf).

[19] Há quem sustente que o ser humano não é um animal. Mas, se lhe pergunta o que é um anjo, um espírito ou um ectoplasma, não sabe responder. Fica de boca aberta. Como um hipopótamo.

Inclusive o homem.[20]
Aliás, inclusive a mulher.
É certo que isso cria um trauma.[21]
Mas é um trauma natural e necessário.
Ainda hoje, na nossa sociedade de alto nível econômico, essa distinção quase nunca mais é feita.
Por quê?
Porque, na sociedade de alto nível econômico, os pais podem se permitir o luxo de sustentar os filhos até uma idade avançada.
Na Itália, a idade média de moradia com os pais, segundo cálculos do ISTAT, efetuados no ano 2000, é de *34 anos*.[22]

---

[20] Como sempre, a mulher guarda silêncio. Como sempre com relação a qualquer coisa. E o silêncio, afinal de contas, é mais leve do que qualquer outra coisa. Mas eu quero fazer uma revolução, assim...

[21] O distanciamento dos pais, que deveria coincidir com a aquisição da autonomia por parte dos adolescentes, é, de qualquer maneira, sempre um *trauma*, apesar de natural e fisiológico. Quanto mais o dificultam, mais ele é traumático. Os adolescentes sempre têm um instinto saudável de distanciamento e de autonomia, mas os pais possessivos muitas vezes sufocam ou matam esse instinto. Por quê? Porque eles são, por seu turno, crianças que usam os filhos como fornecedores de afeto. Quer dizer, como *pais*. E naturalmente não querem deixá-los. Tudo isso é explicado detalhadamente no meu livro *Alla ricerca delle coccole perdute* [À procura do carinho perdido], Ponte alle Grazie, Milão, 2004.

[22] Ver http://www.istat.it/dati/catalogo/20021016_01/fam2000.htm.

A Itália é a pátria dos *adolescentes mimados*.
E, consequentemente, da *neurose infantil*.
E, portanto, do medo.

A propagação da neurose infantil na Itália é reconhecida até pelos nossos políticos, notoriamente cautelosos em espalhar o pânico na nossa população.[23]

Esse mérito, não de evitar o pânico, mas de denunciar oficialmente a propagação da neurose infantil na Itália é atribuído ao ministro Tommaso Padoa-Schioppa.

Que proclamou, pela imprensa: "Vamos botar os adolescentes mimados para fora de casa."[24]

E foi apoiado por Walter Veltroni.

O qual declarou publicamente que "a condição de vida dessa juventude é o principal problema do nosso país".[25]

Mas atenção.

Deixar os pais não basta, se se passa para outros pais.

Pois passar dos pais para outros pais não resolve o problema.

> ***passar dos pais para outros pais***
> ***não resolve o problema***

---

[23] Como é o caso da gripe H1N1: transmitiram todos os dias pela televisão a lista de mortos, mas sempre assegurando que eram em número inferior aos anos anteriores.
[24] *Corriere della Sera*, 4 de outubro de 2007.
[25] *Radio Anch'io*, 5 de outubro de 2007.

Os que se casam simplesmente para mudar de pais não se curam.

Casar-se para ter outra mamãe ou outro papai não funciona.

*casar-se para ter outra mamãe ou
outro papai não funciona*

Para se tornar adulto é preciso aprender a *viver sem os pais*.

*para se tornar adulto é preciso aprender a viver
sem os pais*

De qualquer tipo.

É o que eu digo no meu livro intitulado *Alla ricerca delle coccole perdute* [À procura do carinho perdido].

Com isso fundei uma nova psicologia. A *psicologia evolutiva*.[26]

---

[26] A denominação "psicologia evolutiva" está em uso há tempos (ver o exemplo em http://alephlibreria.it/psicologiaevolutiva.html), mas até agora foi usada em contradição à *psicologia da idade evolutiva*, disciplina que trata do processo evolutivo da criança. A *psicologia evolutiva* fundada por mim é uma psicologia inteiramente nova, que identifica na lacunosa evolução da personalidade adulta a causa da *neurose infantil*.

A qual demonstra que se alguém não se torna adulto é vítima da *neurose infantil*.

E vive no medo.

Depois de lerem o meu livro, muitas pessoas me escreveram e me perguntaram:

"OK. E agora? Se alguém não se tornou adulto, permaneceu criança e é um neurótico, o que deve fazer? Matar-se?"

Naturalmente que não.

Embora algumas "crianças" que abusam das funções dos genitores assim devessem fazê-lo.

Para o bem dos seus filhos.

Não.

Não é o caso de se matar.

Basta crescer e tornar-se adulto.

Mas como fazê-lo?

A solução mais rápida seria saltar de paraquedas numa zona de guerra e ali permanecer por alguns meses.

Se conseguir sobreviver terá uma boa probabilidade de se tornar adulto.

Se não, paciência.

Ao menos se livra do problema.

Mas nem todos podem fazê-lo.

Sobretudo em virtude do custo do paraquedas.

Muitos apresentam como desculpa o fato de não poderem deixar os pais.

Porque morreriam de tristeza.

Os pais, eles não.
De fato, os filhos têm medo de morrer de tristeza.
Pelo medo de perder alguém que os mantém.
Mas para morrer é preciso algum motivo, não é mesmo?
E morrer de tristeza para alguém que tem medo de ganhar o necessário para viver me parece uma boa solução.
É sempre melhor do que morrer de morte matada.
E por essa motivação razoável não se lançam de paraquedas numa zona de guerra.
Têm todo o meu apoio moral.
E até a minha solidariedade.
Não é culpa dos filhos se se tornam adolescentes mimados.
A culpa é dos pais que não os expulsam de casa.

a culpa não é dos adolescentes mimados, mas dos pais que não os expulsam de casa

É obrigação dos pais expulsá-los.
Depois de ter-lhes ensinado a sobreviver.
Como acontece na natureza.
Mas eles não o fazem.
Fazem-nos conseguir dois diplomas.
Quatro especializações.
Três pós-graduações.
Cinco estágios.

Para não expulsá-los de casa.

Se pudessem, até fraturariam a perna de um filho para mantê-lo dentro de casa.

Alguns, mais despudorados, provocam-lhes doenças psicossomáticas horrorosas.

Acne, psoríase, distonia neurovegetativa, pés chatos.

E quem sai de casa com esses sintomas?

Mais ainda, dão-lhes roupas de crianças retardadas.

Mangas mais longas que os braços.

Barriga e bunda de fora.

As meninas.

Sapatos folgados.

Braguilha da bermuda que chega até o joelho.[27]

Os meninos.

E todos com suas mochilas vazias nas costas.

E fones nos ouvidos ligados ao iPod pendurado no pescoço como um despertador.

---

[27] A braguilha que chega até o joelho foi inventada pelos afro-americanos, que têm o bilau mais longo do que os brancos e ficavam chateados de terem que enrolá-lo como uma tromba de elefante naquelas calças com braguilha alta usadas pelos brancos para mostrar seu bilau reduzido. E com esta nota tenho que parar para pensar numa revolução mundial na qual negros chegassem ao poder. Espero que tudo termine bem, senão estou na merda com os brancos por causa desta nota. Mas, em suma, de qualquer modo, me encontro sempre na merda! Mas chega de conversa-fiada. Não vou perder minha pescaria.

E quem os quer, vestidos desse jeito?

Mesmo que quisessem escapar, não o fariam.

Depois de dez minutos levam eles para casa.

Todos veem que são retardados.

Mas não se pode fazer nada.

Os pais não os largam.

Fazem com que eles se tornem cretinos, mas não os largam.

É preciso fazer alguma coisa.

É preciso liberá-los.

Devemos estudar qualquer coisa para liberá-los.

Eu fiz.

Fundei a *psicoterapia evolutiva*.

A ela é dedicado o próximo capítulo.

A psicoterapia evolutiva

A psicoterapia evolutiva possibilita a construção de uma personalidade adulta sem necessidade de saltar de paraquedas numa zona de guerra.
Ou de matar os pais.
O que significa uma grande economia.
Em paraquedas e em caixões.
No entanto, o importante é que funciona.
A psicoterapia evolutiva cura todas as neuroses com sintomas como o medo generalizado, ansiedade, depressão, bipolaridade, ataques de pânico, angústia, comportamento maníaco e fóbico.
Porque todos eles se resumem a um só.
A *neurose infantil.*

Medo generalizado, ansiedade, depressão, ataques de pânico, angústia, comportamento maníaco e fóbico são todos sintomas da neurose infantil.

medo generalizado, ansiedade, depressão,
ataques de pânico, angústia,
comportamento maníaco e fóbico
são todos sintomas da neurose infantil

Ou seja, de neuroses nas quais persiste a neurose infantil, mesmo em adultos.

Mas os psicoterapeutas tateiam cegamente na mais total escuridão.

Não entendem o que são esses sintomas nem de onde vêm.

Percebem que estão diante de uma neurose, mas não compreendem do que se trata.

Condicionados pela sua formação didática, são rotulados e assim os interpretam de modo diferente.

"Neurose de ansiedade."

"Neurose depressiva."

"Neurose ansioso-depressiva."

"Neurose maníaca."

"Neurose fóbica."

E assim por diante.

Mas isso não quer dizer nada.
Não diz nada sobre as suas causas.
Descreve apenas os sintomas.
E a enfrentam até de modo diferente.
Segundo os métodos nos quais estão preparados.
Sem ter como resultado a cura.
Há uma dúzia de métodos usados hoje na psicoterapia.
Cada método foi estudado para um caso específico.

A função do terapeuta é saber qual é o método adequado para cada caso.

Mas os diversos métodos terapêuticos deram origem a escolas diferenciadas que não se comunicam, e até se ignoram.

Os psicoterapeutas conhecem e aplicam apenas a metodologia da escola na qual foram preparados.

O resultado é uma roleta-russa para o paciente.

O paciente pode se dar bem se tiver sorte (um caso em cada dez) de cair nas mãos de um psicoterapeuta adequado, de encontrar um terapeuta justo.[28]

Caso contrário, paga meses ou talvez anos de terapia absolutamente inútil.

---

[28] Uma boa orientação para o paciente no mundo complicado da psicoterapia, embora datado, é fornecido pelo livro de Joel Kovel, *Guida alla terapia* [Guia da terapia], tradução italiana, Astrolabio, Roma, 1978.

E não se cura.

Com isso a psicoterapia ganhou a fama de uma terapia inútil.

Isso é tão verdadeiro que ela não é reconhecida nem pelo sistema de seguridade social nem pelos planos de saúde.

Eu já experimentei todos os métodos conhecidos.

Mas, depois de aplicá-los à neurose infantil, descobri que, nesse caso, são ineficazes.

Porque baseados no *diálogo*.

Nenhum deprimido jamais foi curado pelo fato de se falar com ele, ou fazer com que ele fale.[29]

E assim ocorre com o ansioso.

E com ninguém com ataque de pânico.

E nenhum maníaco.

E nenhum fóbico.

Ultimamente a psicoterapia baseada no diálogo não cura mais ninguém.

---

[29] Hoje, o trabalho do psicoterapeuta é isto: fazer o paciente falar e de vez em quando dizer alguma coisa. Não importa que coisa. O importante é dizer qualquer coisa. É o que se espera. Se é alguma coisa inteligente em que o paciente não havia pensado, então o psicoterapeuta fica famoso por ser um gênio. Mas, sobretudo, o paciente espera ser escutado. E, por isso, fundamentalmente, procura o psicoterapeuta: para ser escutado. Porque ninguém o escuta. Tentou ir ao médico da seguridade social e dizer-lhe: "Doutor, ninguém me escuta", mas o doutor lhe respondeu: "Compreendi. Manda entrar o paciente seguinte."

À exceção da velha e boa psicanálise que continua a curar os casos de histeria de memória freudiana.

Aqueles casos cujo trauma é de natureza sexual nos anos da infância e da adolescência.

Pena que os casos de histeria são hoje pouquíssimos.

Os que hoje sofrem de medo generalizado, ansiedade, depressão, bipolaridade, ataques de pânico, angústia, comportamento maníaco ou fóbico não têm sofrido traumas de natureza sexual.

Não houve nenhuma violência carnal por parte dos tios nem dos vizinhos do andar de cima.

E, incrivelmente, nem da parte do vizinho do andar de baixo.

Existe apenas a persistência da sua personalidade infantil.

Trata-se, de fato, como já disse, de *neurose infantil*.

E a neurose infantil não é de origem traumática.

a neurose infantil não é de origem traumática

A neurose infantil resulta de uma falta de evolução natural.

Na falta do desenvolvimento da personalidade adulta.

Na persistência da personalidade infantil.

E pode ser curada somente colocando em ação a evolução que falta.

Com a psicoterapia evolutiva.

A psicoterapia evolutiva é uma terapia milagrosa.

Naturalmente, precisa esperar a minha morte para que venha a ser reconhecida por todos e se afirme em todo o mundo.

É sempre assim.

A grandeza da *Divina comédia*, por exemplo, só se revelou depois que Dante morreu.

No tempo dele, foi considerada um romance de folhetim.

Além disso, difamatório.

E tendencioso.

E ninguém lhe deu importância.

Poderia citar inúmeros casos de reconhecimento póstumo, mas me limito a Dante, pois sou o seu êmulo.

No uso da língua falada.

Que se chama *vulgar*, precisamente porque o é.

Espero que se recordem de que eu a inventei.

A psicoterapia evolutiva, quero dizer, e não a língua falada.

Não quero ter o fim de Meucci.

Aquele que inventou o telefone e depois se fez garfar pela invenção de Bell.

Aquele que fundou a Bell Telephone e se tornou bilionário.

O medo é uma masturbação mental

Enquanto Meucci passou a vida processando-o nos tribunais e morreu na miséria.[30]
Mas não escrevi este livro com essa finalidade.
Para terminar na miséria.
Ou passar à memória da posteridade.

---

[30] "Em 7 de março de 1876, Alexander Graham Bell patenteou o *seu* telefone. Meucci acionou-o, mas, estando com poucos meios econômicos, perdeu a causa. Segundo o juiz, que proferiu sua sentença em 1887, Meucci havia, de fato, inventado um telefone mecânico, enquanto o da patente de Bell era elétrico." O que não era verdade. Um grande azarado o Meucci. "Envolvido em movimentos revolucionários desde 1831, e preso por causa das suas convicções políticas, viu-se forçado a deixar o Grão-ducado da Toscana e emigrar para Cuba, onde, em 1835, aceitou um emprego no Teatro Tacon, de Havana. Depois, tendo o teatro se incendiado, ficou desempregado e foi para os Estados Unidos. Em 1845 se transferiu para Clifton, Nova York, onde abriu uma fábrica de velas. [...] Falindo sua empresa, Meucci se encontrou em dificuldades financeiras. Vivendo da ajuda dos amigos, não teve dinheiro para patentear seu *telettrofono* (como o havia chamado)." Provavelmente por causa do seu nome, realmente terrível. Mas ninguém, como sempre, fala da sua mulher. Muito mais azarada do que ele. Vítima, por toda a vida, de uma doença psicossomática, pelo simples fato de ter se casado com ele: "Trabalhou como empregado na alfândega, e como técnico de cena no Teatro della Pergola, onde conheceu sua futura esposa, Ester Mochi. [...] Por volta de 1854 construiu o primeiro protótipo de telefone com o objetivo de criar uma comunicação entre seu escritório e o quarto onde sua mulher guardava o leito em virtude de doença grave." Mas não podia dar alguns passos para visitá-la? (http://it.wikipedia.org/wiki/Antonio_Meucci.)

Escrevi para ajudar aqueles que estão presos nesta doença grave.

A *neurose infantil.*

Isto é, o *medo imaginário.*

O medo imaginário só pode ser vencido tornando-se adulto.

o medo imaginário só pode ser vencido tornando-se adulto

Pois o adulto não tem medos imaginários.

o adulto não tem medos imaginários

Se o medo imaginário é o sintoma principal da neurose infantil, então, para curar o medo imaginário, precisa-se curar a neurose infantil.

"Elementar, meu caro Watson."

Mas a neurose se cura com a *psicoterapia.*

Logo, o medo imaginário se cura com a psicoterapia.

o medo imaginário se cura com a psicoterapia

Este livro lhe mostra justamente como curar o medo imaginário por meio da psicoterapia.

Em particular, com a *psicoterapia evolutiva.*

Este livro, de fato, é o manifesto da *psicoterapia evolutiva*, como *À procura do carinho perdido* é o manifesto da *psicologia evolutiva*.

A psicoterapia evolutiva permite curar o medo imaginário tipicamente infantil.

> *a psicoterapia evolutiva permite curar o*
> *medo imaginário tipicamente infantil*

Porque permite evoluir da personalidade infantil para a personalidade adulta por meio de um *processo terapêutico*.

> *a psicoterapia evolutiva permite evoluir*
> *da personalidade infantil para a*
> *personalidade adulta*

Podemos definir a psicoterapia evolutiva como uma *terapia cognitivo-comportamental*.[31]

Pois permite a aquisição de uma *autoimagem* real e, consequentemente, constitui um processo *cognitivo*.

Mas o que se obtém é sobretudo uma modificação do *comportamento*.

---

[31] A terapia cognitivo-comportamental foi fundada por Aaron Temkin Beck nos anos 1960. Ver Judith S. Beck, *Terapia cognitiva. Fondamenti e prospettive* [Terapia cognitiva. Fundamentos e perspectivas], tradução italiana, Mediserve, Nápoles, 2002.

A metodologia usada pela psicoterapia evolutiva é aquela denominada inadequadamente *hipnose* no âmbito da *programação neurolinguística*.[32]

Esta também faz uso de técnicas utilizadas na *psicoterapia gestáltica*.[33]

A evolução psicológica resultante da psicoterapia evolutiva é do tipo prognosticado pela *psicossíntese*.[34]

Que distinguiu as diversas personalidades individuais e as utilizou para fins terapêuticos e formativos.

---

[32] A programação neurolinguística (PNL) foi fundada por Richard Bandler e John Grinder nos anos 1980. Ver, dos autores, *La metamorfosi terapeutica* [A metamorfose terapêutica], tradução italiana, Astrolabio, Roma, 1980. O uso do termo "hipnose", em PNL, é impróprio porque não se trata da hipnose propriamente dita, que consiste num estado de sono profundo, mas num estado de pré-hipnose superficial, ou de leve *transe*, em que o sujeito permanece consciente, embora adormecido, e o inconsciente resulta muito receptivo.

[33] "A terapia da *Gestalt* foi oficializada por Fritz Perls e sua mulher, Laura, nos anos 1940, em Nova York, como uma terapia que recolhe e organiza as ideias tradicionais das psicoterapias freudiana, junguiana e reichiana, não somente os princípios da teoria de campo de Lewin e as contribuições filosóficas do existencialismo, da fenomenologia e da psicologia da *Gestalt*, de onde toma o nome" (http://it.wikipedia.org/wiki/Terapia_della_Gestalt).

[34] A psicossíntese foi fundada por Roberto Assagioli nos anos 1960. Ver, do autor, *Principi e metodi della psicosintesi terapeutica* [Princípios e métodos da psicossíntese terapêutica], tradução italiana, Astrolabio, Roma, 1973.

Ainda mais, usa arquétipos do inconsciente coletivo com base na *psicologia analítica*.[35]

E técnicas de respiração e recitação de mantras pertencentes à tradição *budista* e ao *ioga*.

Como na psicoterapia *rogeriana*, ela não coloca o terapeuta no centro da operação terapêutica, mas o sujeito.[36]

O papel do terapeuta, na psicoterapia evolutiva, de fato, não é de manipulador, mas de catalisador.

Ainda, a psicoterapia evolutiva opera a realização da autoimagem positiva preconizada pela *psicocibernética*.[37]

Enfim, como na *psicanálise freudiana*, a psicoterapia evolutiva evita a transferência, ou seja, a atribuição de um papel paterno e onipotente ao terapeuta.[38]

---

[35] A psicologia analítica foi fundada nos primeiros decênios de 1900 por Carl G. Jung. Ver Carl G. Jung, *Il problema dell' inconscio nella psicologia moderna* [O problema do inconsciente na psicologia moderna], tradução italiana, CDE, Milão, 1984.

[36] A psicoterapia rogeriana foi fundada por Carl R. Rogers nos anos 1950. Ver Carl R. Rogers, *La terapia centrata sul cliente* [A terapia centrada no cliente], tradução italiana, Psycho, Florença, 2000.

[37] A psicocibernética foi fundada por Maxwell Maltz no início dos anos 1960. Ver, do autor, *Psicocibernetica* [Psicocibernética], tradução italiana, Astrolabio, Roma, 1965.

[38] A psicanálise freudiana foi fundada nos primeiros decênios do século XX e até os anos 1960 foi a terapia psicológica dominante, especialmente nos Estados Unidos. Ver "Compendo di psicoanalisi" (1938) [Compêndio de psicanálise], em *Opere* [Obras], vol. VIII, Boringhieri, Turim, 1977, e Heinrich Racker, *Studi sulla tecnica psicoanalitica* [Estudo sobre a técnica psicanalítica, transferência e contratransferência], tradução italiana, Armando, Roma, 1991.

Mas é também uma terapia *completamente nova*.
De fato, não é baseada no diálogo, mas na *sugestão*.
Ou melhor, na *autossugestão*.
Não age sobre o consciente, mas sobre o *inconsciente*.
E não trabalha no terreno da racionalidade, mas no da *emotividade*.
O instrumento fundamental por meio do qual a psicoterapia evolutiva atua é o *treinamento do desenvolvimento da personalidade adulta*.
O treinamento do desenvolvimento da personalidade adulta funciona.
Como são testemunhas aqueles que o praticaram:

> O treinamento (para mim, seguido corretamente) é uma psicoterapia muito potente. Ele consegue curar COMPLETAMENTE patologias clínicas, como pânico, ansiedade, doenças psicossomáticas, depressão, fobia etc., em alguns meses. (Obviamente, sendo feito COMPLETAMENTE, TODOS OS DIAS, POR ALGUNS MESES.) (Mark8Fi, 20 de janeiro de 2009, fórum do site http://www.giuliocesaregiacobbe.org.)

O treinamento para o desenvolvimento da personalidade adulta já curou centenas de pessoas.[39]

---

[39] O exemplo é marcante, pois se trata de destroçar a criança que está dentro e é portadora de neurose infantil e que, com seus medos, continua a dominar suas vidas e a impedi-las de viver com saúde, livres e felizes.

Isso é descrito detalhadamente nesse manual, nos seus princípios e nos seus aspectos particulares.

De modo que todos possam aplicá-lo.

Um modelo seu pode ser encontrado no meu site sob o título "Training".

Mas quem quer que seja pode criar o próprio *ad hoc*.

Uma vez conhecido o processo, é fácil como segurar um bebê.

O tanguista

Eu sou um tanguista.
    Tanguista, mas não machista.
    Sou argentino.
    De origem italiana, mas argentino.
    Trago o tango nos meus ossos.
    E na minha pele.
    Danço um tango profissional.
    As mulheres desmaiam nos meus braços.
    Puxo-as para cima, faço-as girarem, faço levantarem as pernas forradas de meias arrastão.
    E faço com que elas chutem o ar na direção do teto de modo que os olhos dos homens que nos observam pareçam sair das órbitas.

Faço com que elas levantem as saias até que se vejam as calcinhas de renda.

Faço com que elas girem no tablado remexendo as nádegas.

Depois, no fim da dança, quando puxo meu chapéu para trás, elas desmaiam nos meus braços.

É sensacional.

É assim que entro nos bailes em que se dança o tango.

Como tanguista.

As mulheres pulam em cima de mim como moscas no papel pega-mosca.

Eu sou um colosso.

Os homens me olham sempre de um certo modo, com os olhos tristes...

Porque sentem que eu sou um colosso.

O meu olhar é profundo, sedutor.

Ninguém me resiste.

Sou uma sedutora, eu.

Seduzo todos.

Homens, mulheres, velhos, crianças.

Sobretudo os homens.

Das mulheres sou sempre amiga.

Não tenho medo delas.

Porque sou superior.

Sou uma gostosona.

Elas são apenas mulheres.
Sinto ternura por elas.
Mas também cumplicidade.
Com gostosonas como eu há sempre certa cumplicidade.
Entre nós, manipulamos os homens entre os dedos como os anéis que eles nos presenteiam.
Com os velhos sou cheia de ternura.
Uma Cruz Vermelha cuidadosa e afetuosa.
Com as crianças sou uma boa fadinha.
Uma mãezinha cheia de atenções.
Mas para os homens sou um avião.
Uma estrela e basta.
Para eles é a única coisa que interessa.
Sou como eles gostam.
Uma explosão de sexo.
E faço tudo que eles querem.
A verdade é que tudo é aparência.
Na verdade, só vou quando eu quero.
Mas essa aparência é a minha vida.
Porque eu sou um mulherão.
E, sendo um mulherão, amigas, me sinto como um deus.
Aliás, digamos uma vez por todas:
Como uma deusa!

Eu sou piloto de Fórmula 1.

Quando sento no meu Jaguar coupé XKR de 400 cavalos, até Schumacher faz um boquete em mim.

De zero a 100 quilômetros em quatro segundos.

Sou prudente.

Prudente, mas impaciente.

Obedeço ao Código de Trânsito.

Os outros é que não obedecem.

Encosto na traseira de um casal de velhinhos. O motorista guia um Fiat Panda com um boné enfiado na cabeça e viaja de Milão a Roma fazendo 60 por hora na faixa de ultrapassagem e com o pisca-pisca esquerdo ligado.

E faço eles se borrarem de medo.

Acendo o farol alto no espelho retrovisor deles e me coloco a cinco centímetros do para-choque traseiro.

Não faço nenhum ruído.

Espero.

Pois os velhinhos de boné não olham quase nunca o retrovisor.

Até que finalmente me veem em cima deles.

E aí se borram.

Começam a alternar pela direita e pela esquerda.

Não sabem de que lado ficar.

Não saem da pista de velocidade, pois são teimosos, além de idiotas.

Estão convencidos de que são os donos da estrada e de que podem fazer tudo que quiserem.

A frase que usam para exprimir sua convicção é: "A estrada é de todos."

Que significa: "A estrada é minha."

É naquele momento que eu libero a minha orquestra.

As trombetas do inferno (as minhas buzinas especiais) do tipo trem internacional com reboque articulado.

Trezentos decibéis.

Nesse ponto, os velhinhos, depois de se borrarem, começam a alternar a pista novamente.

Até que a mulher parece convencê-lo a tomar a da direita para ser ultrapassado.

Por causa do mau cheiro.

Se eles não percebem o fedor, inclusive a mulher, e não dão passagem, eu então ultrapasso pela direita.

Mas ultrapasso como se deve.

Veloz, fechando de leve na reentrada.

Minhas ultrapassagens não duram mais que dez segundos.

É assim que se faz.

Como previsto no Código de Trânsito.

E, quando estou na reta, sem ninguém pela frente, tiro um fino.

Mas sempre mantendo a direita.

Quem sabe poderia aparecer Nuvolari* e quisesse ultrapassar.

---

* Famoso piloto de corridas italiano. (N. T.)

Eu sou um que sempre cedo ultrapassagem aos demais.
Como previsto no Código de Trânsito.
Se conseguirem me ultrapassar.
He, he, he...
Eu sou um piloto de Fórmula 1.
Quando entro numa curva sinuosa, mudo de marcha como numa sinfonia.
A mesma marcha para subir ou para descer.
Precisa como um relógio suíço.
Sutil como uma lâmina gilete.
Pontudo como uma agulha hipodérmica.
Um piloto de verdade.
Um piloto de Fórmula 1.
Schumacher me faz um boquete.

Eu sou uma administradora.
Uma administradora calejada.
Esbelta, eficiente, precisa, perfeita.
Uma administradora de verdade.
Deixo os homens sem graça, boquiabertos.
Trato-os sempre com gentileza, um sorriso nos lábios.
Mas com altivez.
De alto a baixo.
Pois sou como um bastão bem longo (1m65).
Pois sou uma administradora.

Um chefe.
E eles devem estar a postos.
Sou eu o chefe.
Aliás, a chefe.
Estou sempre elegante, impecável.
Terninho, naturalmente.
Mas inexorável.
Comigo eles não ousam.
Basta que os fulmine com um olhar.
Com meus olhos de gelo.
Como um ministro do Supremo Tribunal Federal.
Se paralisam e permanecem imóveis.
As negociações, eu é que conduzo.
Sou flexível, mas determinada.
Aberta, mas inatingível.
Luminosa, mas fria.
Como um diamante.
Neste momento sou vendedora de uma grande loja.
Mas é somente o início.
Eu sou esperta.
Mata Hari cerzia minhas meias.
Sou a mais esperta do mundo.
Sou uma espiã da KGB.
Basta olhar as pessoas nos olhos para entendê-las.
O que pensam.
O que querem.

Deixo-as acreditar que concedo.
Mas no último momento, zás!
Corto suas cabeças como uma guilhotina.
Acham que sou trouxa?
Deixo que eles acreditem.
Assim, baixam a guarda.
E quando menos esperam... zás!
Passo eles para trás.
Ninguém me passa a perna.
Sou uma espiã da KGB.
Gostaria de dormir comigo, um milhão de dólares, baby?
Deixei ele pensar que conseguiria.
Até o último momento.
Deixei ele ver a mercadoria.
E deixei até ele provar.

Como naquele filme onde se veem os envelopes de droga na sacola.

E ele passa o dedo e lambe.
É boa, não é?
Vai querer?
Quanto vai dar?
Um anel de brilhantes.
OK.
Marcamos encontro no Grand Hotel.
À meia-noite.
Subimos ao quarto.

Vista esplendorosa.
De perder o fôlego.
Ele mostra o anel.
Coloco uma lupa.
Controlo.
Conheço brilhantes.
São o meu pão de cada dia.
Diamonds are a girl's best friends.
OK.
Vai no banheiro, amor.
Sei que deve tomar seu Viagra.
Te espero.
É só um momento.
Desapareço pela escada de serviço.
O elevador pode ser observado.
Sou muito esperta.
Sou uma espiã da KGB.
Sou até funcionária do INSS.
Estou bem-protegida.

Eu sou um fuzileiro naval.
Um durão.
Podem me enfiar uma baioneta pelas costas que não perco o fôlego.
Outro dia, de manhã bem cedo, não havia nascido o sol e se enxergava mal, o sargento veio fazer a inspeção.

Estamos todos em fila.

Ele para em frente ao primeiro e lhe dá um soco na cara.

"Sentiu alguma coisa?"

"Não, senhor."

"Por quê?"

"Porque sou um fuzileiro naval, senhor."

"Bravo."

No segundo ele dá um golpe de caratê no pescoço.

"Sentiu alguma coisa?"

"Não, senhor."

"Por quê?"

"Porque sou um fuzileiro naval, senhor."

"Bravo."

No terceiro ele dá um murro na barriga.

"Sentiu alguma coisa?"

"Não, senhor."

"Por quê?"

"Porque sou um fuzileiro naval, senhor."

"Bravo."

Quando chega diante de mim, ele para estupefato.

Olha para mim com os olhos esbugalhados.

Sigo seu olhar e vejo que vai direto para baixo.

Baixo meu olhar e...

Pela manhã sempre tenho uma ereção, mas assim...

Sem uma palavra, arranca minha baioneta do fuzil e... zás!

Um golpe cortante e limpo.

Adeus, minha bela, adeus...

Rola pelo chão o salaminho caído de um infante que corria.

"Sentiu alguma coisa?"

"Não, senhor."

"Por quê?"

"Porque sou um fuzileiro naval, senhor."

"Bravo."

É verdade.

Eu sou um fuzileiro naval.

Um durão.

Indiferente à dor.

Sobretudo à dor dos outros.

Não me mexo, ouvindo o gemido do negro atrás de mim.

Aquele que foi emasculado.

A autoimagem

A percepção é o produto do encontro do objeto com a autoimagem do sujeito e suas emoções.
Patanjali, *Yoga Sutra*, IV, 23
(século II a.C.)

O que acabamos de ver são exemplos de *autoimagens*.
Autoimagens, mesmo se momentâneas.
Como as roupas *prêt-à-porter*.
Usadas para o momento.
Emprestadas do cinema, da televisão, da literatura, do mundo ao nosso redor.
Mas formidáveis.
Pois a autoimagem que temos de nós mesmos determina o nosso comportamento.
Não somente.
As nossas reações.
As nossas emoções.
Até o nosso pensamento.

Numa palavra, a nossa vida.
É tudo a nossa autoimagem.
Nós *somos* a nossa autoimagem.

nós somos *a nossa autoimagem*

Com efeito, não somos outra coisa.
Se nos perguntamos "quem sou eu?", como respondemos?
Descrevendo a nossa autoimagem.
Sou um empregado do sistema financeiro, solteiro e alegre.
Sou um operário explorado na fábrica.
Sou uma mãe amorosa e muito ocupada.
Sou uma garota sozinha e sem sorte.
Tudo *autoimagens*.
Bonitas ou feias, mas autoimagens.
Somos a nossa autoimagem.
A nossa autoimagem é o nosso *Eu*.

a nossa autoimagem é o nosso Eu

A nossa autoimagem é a nossa vida.

a nossa autoimagem é a nossa vida

Mas não o sabemos.
Não nos damos conta.
Acreditamos que a nossa felicidade depende do mundo.
Dos acontecimentos.
Dos outros.
Mas, de fato, não é assim.
Depende da nossa autoimagem.

a nossa felicidade depende da nossa autoimagem

Se você se acha um tanguista (mas não machista), entre no salão de baile da vida e faça com que todas as mulheres desmaiem nos seus braços.

Mesmo que não consiga levar para a cama nem uma única.

Desmaiadas não servem.

Se você se acha um mulherão, caminhe majestosa na estrada da vida com salto alto e minissaia.

Os homens vão cair ao seu redor como pinos de boliche.

Onde você é a bola.

Se você se acha um piloto de Fórmula 1 na estrada da vida, pode ter até um Fiat Panda e se sentirá andando como numa Ferrari.

Se você se acha uma administradora-geral de uma multinacional, vista seu terninho todos os dias, até para fazer compras no mercado, e ande de salto bem alto, de modo que pessoas com 1m70 pareçam anãs.

Se você se acha uma espiã da KGB, não se deixe enganar nem por aqueles que fingem anotar os números dos medidores de gás e anotam por engano o consumo de água.

Faça girar todos os homens na ponta dos seus dedos.

Com ou sem anéis.

Mesmo que você seja uma funcionária do INSS.

De qualquer modo, você está sob proteção.

Se você se acha um fuzileiro naval, podem enchê-lo de porrada e você não sente nada.

Podem-no torturar, insultar, pisotear.

Siga avante com sua baioneta calada até enfiá-la em alguma coisa.

Pois você é um fuzileiro naval.

Pois você é uma espiã da KGB.

Pois você é uma administradora-geral.

Pois você é um piloto de Fórmula 1.

Pois você é uma mulheraça.

Pois você é um tanguista (sem ser machista).

Pois não tem a menor importância o que você é e o que realmente faz.

O importante é aquilo que *você sente ser*.

Pois, na realidade, você é aquilo que sente ser.

o importante é aquilo que você sente ser, pois você é aquilo que sente ser

Se você é um vagabundo, mas se sente como um rei, você é feliz.
Se você é um diretor de banco, mas se sente como um falido, você é infeliz.
Isso vale também para a idade.
Pois temos a idade que sentimos ter.

temos a idade que sentimos ter

Que quase nunca corresponde à idade que temos realmente.
Aliás, o que quer dizer "realmente"?
Existe de verdade a realidade?
É certo que a realidade existe, mas o problema é: como é realmente a realidade?
É a essa pergunta que não podemos responder.
Não podemos saber como é a realidade.
Porque estamos dentro dela.
Não somos espectadores da realidade.
Somos atores.
Personagens.
Os personagens não podem comentar a comédia.
Devem representá-la.

Vivenciá-la.

Com todas as suas emoções de personagens.

Não podem vê-la.

Estão dentro dela.

Esta coisa, que quem está dentro da cena não pode ver o que acontece, que só pode ser visto de fora, foi descoberta, imaginem só, por um matemático.

Kurt Gödel, matemático austríaco, fez em 1930 uma demonstração matemática de que o juízo da exatidão e validade de um sistema não pode ser feito do seu interior.

A geometria não pode se autoavaliar.

Não pode dizer se é verdadeira ou falsa.

Tanto que só agora viemos a saber que é falsa.

A geometria que ensinaram na escola.

E que, naturalmente, continuam a ensinar.[40]

O fato de que não se pode julgar de dentro é evidente.

Senão os casais se resolveriam sozinhos.

E os psicólogos não serviriam para nada.[41]

Mas não é assim.

---

[40] A escola está sempre atrasada no tempo. Continua a usar livros quando agora todo o saber humano está na internet. Se você quer saber alguma coisa sobre a geometria não euclidiana, ver: http://it.wikipedia.org/wiki/Geometria_non_euclidea.

[41] Há quem sustente que isso ocorre mesmo sem o teorema de Gödel. Mas são os mesmos derrotistas: aqueles que os psicólogos não conseguiram curar (ou seja, quase todos).

E não basta.

Não apenas não podemos ver a realidade como ela é porque estamos dentro dela, mas até a modificamos estando dentro.

Como o árbitro que, estando dentro da partida, a modifica.

Não só com o seu julgamento, mas até jogando.

De fato, é considerado um jogador.

Se a bola bate na sua cabeça e bate na rede, é gol.

Isso foi descoberto por outro matemático.

Einstein.

Aquele com a língua de fora.

Não que se a bola bate na cabeça do árbitro e bate na rede seja um gol.

Mas que estando dentro da realidade a modificam.

Que nós podemos conhecer apenas o que vemos e não o que é.

Pois no momento em que vemos o deformamos.

Os nossos olhos deformam a realidade.

Ou melhor, veem-na de acordo como o olho é feito.[42]

---

[42] As moscas têm olhos minúsculos e, portanto, veem o mundo feito de imagens minúsculas iguais. Eis por que estão sempre nos rondando. Fazendo bagunça. Eu acho que elas pensam que somos muitos e passam de um para outro para não nos perturbar, mas de fato estão sempre sobre a mesma pessoa. Nós. E perturbam. Não fazem de propósito, coitadinhas, mas perturbam. Como todos que não dão sossego.

Inexoravelmente deformada.

Por isso Einstein disse que a realidade é relativa para quem a vê.

É isso que diz a teoria da relatividade.

Que foi demonstrada ser verdadeira.

Tudo é relativo.

Para o observador.

Mas a teoria da relatividade é verdadeira não apenas no âmbito da física.

Também na psicologia.

Eu não vejo aquilo que você é realmente.

Vejo aquilo que você me faz ver ou o que eu quero ver.

Uma *imagem* sua.

É assim, pois o seu comportamento é determinado pela sua *autoimagem*.

Você se comporta segundo a imagem que você faz de si mesmo naquele momento.

E eu vejo a sua autoimagem através do seu comportamento.

Nós transmitimos aos outros a nossa autoimagem.

Não é telepatia.

É simplesmente a leitura do comportamento.

Mas o comportamento evidencia a autoimagem.

Se você se sente um tanguista, eu vejo em você um tanguista.

E desmaio nos seus braços.

Se eu for uma mulher, naturalmente.

Mas, se você se sente um machista, eu vejo em você um machista.

E te dou uma bofetada na cara.[43]

Mesmo sendo eu um homem.

A nossa *autoimagem* determina, portanto, a nossa vida.

E, consequentemente, a nossa felicidade ou infelicidade.

Assim, a nossa autoimagem é fundamental.

a nossa autoimagem é fundamental, pois determina a nossa felicidade e a nossa infelicidade

Toda a nossa vida é determinada pela nossa autoimagem.

Mas não temos apenas uma autoimagem.

As nossas autoimagens são mais de uma.

Quais são?

Você vai descobrir lendo o próximo capítulo.

---

[43] Como se vê, basta mudar de atitude e se muda a vida. Isso as mulheres compreenderam muito bem. E os homens cantaram sabendo: "*La donna è mobile, qual piuma al vento, muta d'accento e di pensier.*" Os homens, por sua vez, pobres idiotas, não somente nunca mudam de sotaque, mas, o que é ainda mais grave, nem mesmo de pensamento. Especialmente com relação às mulheres.

A subpersonalidade

A autoimagem que temos de nós mesmos não é somente uma.

Podem ser muitas.

Somente os neuróticos têm apenas uma: justamente aquela neurótica.[44]

---

[44] Alguém jamais viu o clássico louco que acredita ser Napoleão achar que é um outro? Que eu saiba, Giuseppina [Josefina], por exemplo. Se achasse que era Giuseppina, teria resolvido seu problema sexual, que, como se sabe, nos loucos, é muito grave (e quem vai se deitar com uma louca?). Deus meu, talvez nem os santos se comportem melhor. E o problema sexual, ou melhor, o problema da satisfação sexual insuficiente, nos países católicos, é endêmico. E por que uma função tão natural não pode ser satisfeita, como a alimentar, a motora ou a comunicativa? Por que não, justamente nos países onde o bom Deus se

É por isso que são neuróticos.

As diversas autoimagens que temos de nós mesmos constituem outras tantas personalidades.

Em psicologia se fala de *subpersonalidade*.[45]

Cada uma segundo o ambiente no qual nos encontramos.

Até o gângster mais empedernido e bestial.

Aqueles que enchem de balas dundum os rivais na poltrona do barbeiro.

Ou que dissolvem no ácido os filhos (dos rivais, não dos gângsteres).

Quando vão encontrar a mãe, levam tapinhas na cabeça e confessam não ter rezado todas as noites.

Mas o assassino e o filhinho da mamãe são apenas duas das diversas subpersonalidades.

---

revelou? Vai dizer que foi feito de propósito? "Já vos dei a fortuna de Me conhecer, e que quereis? Também a fortuna de dar folga ao corpo como quiserdes? O quê? Quereis tudo? Tudo para vós, e para os outros nada?!" O Pai Eterno deve ter pensado assim para nos deixar a maldição da fobia sexual.

[45] Diversos autores, como Pierre Janet, William James, Morton Prince e o próprio Freud, colocaram em evidência a presença de diversas personalidades no ser humano no âmbito patológico. Mas o reconhecimento de diversas personalidades ("subpersonalidades") no indivíduo hígido e no papel positivo das subpersonalidades no âmbito formativo é uma contribuição precípua de Roberto Assagioli, o fundador da psicossíntese. Ver *Principi e metodi della psicosintesi terapeutica* [Princípios e métodos da psicossíntese terapêutica], citado, p. 75-77.

Tem também aquela do marido afetuoso e do inatacável pai de família.

Como aquela do explorador de mulheres generoso e galante.

E aquela do chefão impiedoso que não admite erros dos seus subordinados.

Mas não precisa ser gângster para ter diversas subpersonalidades.

Todos nós temos diversas subpersonalidades.

O problema é que, frequentemente, não nos damos conta de que as temos.

É esse o problema da subpersonalidade.

Ou seja, da autoimagem.

É que muitas vezes não temos consciência delas.

muitas vezes não temos consciência das nossas subpersonalidades, ou seja, das nossas autoimagens

As subpersonalidades são comumente chamadas *papéis*.

Por exemplo, o nosso papel na nossa família.

Que, na verdade, é diferente daquele do filho, do pai, do cônjuge, do irmão (ou irmã), do tio, do sobrinho...

Cada um desses papéis dá lugar a uma subpersonalidade diferente.

Com efeito, nós nos comportamos de maneira diferente com os pais, com os filhos, com o cônjuge, com a irmã, com os sobrinhos, com os tios...

E esses comportamentos diversos dão lugar a personalidades diversas.

Pois comportam toda uma série de representações diferenciadas de si próprio e dos relacionamentos com os outros.

Depois existem subpersonalidades que vivemos fora da família.

No ambiente do trabalho, nas horas vagas, no contato social e em público.

E até dentro desses ambientes existem personalidades diferentes.

De fato, é diferenciado o comportamento no ambiente de trabalho.

Um com os superiores, outro com os colegas, outro com os subordinados.

E ainda diferente é o comportamento no ambiente social.

Diferente do ambiente privado.

E diferente em público.

Diferente no trabalho.

E diferente nas horas vagas.

E assim por diante.

Porque, com personalidades diferentes, nós disputamos uma partida de tênis, ou participamos de uma excursão com um grupo, ou desfilamos num cortejo, ou assistimos a uma representação teatral.

Esses diferentes comportamentos não podem ser definidos somente como "comportamentos".

São personalidades próprias e verdadeiras.

Porque, por trás de cada pessoa, existem ideias, convicções, hábitos, pontos de vista, emoções e experiências completamente diferentes.

Como se fossem pessoas diferentes a vivê-las.

E, efetivamente, é assim do ponto de vista psicológico.

Pois elas são o resultado de experiências completamente diversas, que correspondem a capítulos diversos da nossa vida e, consequentemente, da nossa memória.

E, dentro de cada um desses comportamentos diferentes, existe uma *autoimagem* diferente de nós mesmos, construída sobre essas experiências diferentes.

Uma autoimagem que é o resultado daquelas experiências.

E cada uma diferente da outra.

As diferentes personalidades, de fato, têm caráter completamente diferente.

A personalidade de filho será obediente e submissa, ou talvez desrespeitosa e rebelde, segundo os relacionamentos que terá tido com os pais.

Poderá até mesmo ser diferenciada com relação a um genitor e a outro: respeitosa com um e rebelde com o outro.

E assim para todas as outras nossas personalidades.

Com os pais, com os amigos, com os colegas, com os estranhos e assim por diante.

Com todas as pessoas e situações com que se mantém contato.

Situações diferentes, personalidades diferentes, autoimagens diferentes.

Cada aspecto diferente da nossa experiência determina uma autoimagem diferente ou subpersonalidade.

cada aspecto diferente da nossa experiência determina uma autoimagem diferente ou subpersonalidade

Cada uma das nossas subpersonalidades terá as suas características particulares e únicas que derivam da experiência vivida no interior de cada ambiente diferente.

E a ela corresponde uma nossa autoimagem que emerge sobre outra.

Mas há uma personalidade e logo uma autoimagem que emerge sobre todas as demais.

Uma personalidade que é uma autoimagem *dominante*.

A nossa personalidade é a nossa autoimagem principal.

Aquela com a qual fundamentalmente nos identificamos.

Além das diferentes personalidades que assumimos no curso da nossa jornada.

É a nossa personalidade ou autoimagem *natural*.

*temos uma personalidade principal
com a qual fundamentalmente nos identificamos:
a nossa personalidade* natural

Mas também essa muda durante a nossa vida. Durante a infância prevalece a *personalidade infantil*.

*durante a nossa infância
nós temos uma* personalidade infantil

Ela é caracterizada pela incapacidade de autonomia e de sobrevivência.

Essa personalidade e essa autoimagem, nós as prolongamos por toda a nossa infância e por toda a nossa puberdade.

A nossa emancipação dos pais e o desenvolvimento da *autonomia*, isto é, da capacidade de *sobreviver*, darão então lugar à construção da *personalidade adulta*.

*quando nos emancipamos dos nossos
pais, amadurecemos
uma* personalidade adulta

Uma vez desenvolvida a personalidade adulta, o processo natural de *cuidados com os filhos* gera a terceira personalidade natural, a *personalidade de genitor*.

quando nos dedicamos aos cuidados com os filhos, amadurecemos uma personalidade de genitor

Ela é caracterizada pela nutrição e pela proteção dos filhos e, particularmente, pelo desenvolvimento das *mulheres*.[46]
Esse processo evolutivo, desde criança até adulto e genitor, é um *processo natural*.

---

[46] Que, como se sabe, são dotadas pela natureza de órgãos adequados de nutrição, as *glândulas mamárias*. É por isso que somos chamados *mamíferos*. Mas não existem somente mamães mulheres. Há também as mamães coelhas, mamães vacas, mamães leoas etc. O que constitui um passo notável na evolução em comparação com os pássaros, que são obrigados, coitados, a fazer expedições longas e perigosas para procurar alimento para seus filhotes, os quais, entretanto, são mais evoluídos do que os répteis, que resolveram o problema simplesmente não se importando. Do que se vê que a capacidade assistencial da mulher é um produto da evolução. As mulheres, em vez de se orgulharem dessa característica evolutiva, em geral se lamentam e a tomam como motivo para acusar os machos da sua incapacidade (dos machos) de exercer a mesma função, considerada pelas mulheres vergonhosamente repreensível (a incapacidade, não a função). Mas há uma bela teoria a propósito. Que fará a felicidade das feministas. Segundo a qual, na origem da espécie humana, existiam apenas as mulheres (na natureza, existem outros casos de espécie exclusivamente feminina, embora poucos, verdade seja dita), as quais se reproduziram por partenogênese. A divisão entre caçadoras e nutrizes então conduziu à diferenciação sexual. Prova é a presença residual das glândulas mamárias (atrofiadas) nos machos. Ver Claudio Trupiano, *Grazie dottor Hamer* [Obrigado, doutor Hamer], Secondo Natura Editore, Cesena, 2007.

Ele é, de fato, comum aos animais e à espécie humana.

Digamos então que se trata de um *processo evolutivo natural*.

Quando esse processo não tem lugar, ocorre a *neurose*.

***a não atuação do* processo evolutivo
*desde criança até adulto e genitor
constitui uma neurose***

Ela consiste particularmente na persistência da personalidade infantil.

Ocorre, nesse caso, a *neurose infantil*.

***a persistência da personalidade infantil
na idade adulta
constitui a* neurose infantil**

E é justamente à neurose infantil, muito difundida nos dias que correm, que se aplica particularmente a psicoterapia evolutiva.

Até a persistência exclusiva da personalidade adulta ou paternal constitui neurose.

Mas, dado que os sujeitos portadores dessas neuroses não se lamentam, a psicologia os ignora.

É preciso estar atento para não subestimar a personalidade natural presente dentro de nós.

Elas não são apenas simples conjuntos de imagens e comportamentos registrados em nossa memória.

São muito mais, no plano psicológico.

São *pessoas* verdadeiras e individuais presentes dentro de nós.

a criança, o adulto e o genitor
*são pessoas **verdadeiras ou individuais***
presentes dentro de nós

De fato, nós podemos estabelecer um *diálogo* verdadeiro e individual entre elas.[47]

nós podemos estabelecer um diálogo
verdadeiro e individual entre
as nossas personalidades naturais,
isto é, entre a criança, o adulto e o genitor

---

[47] Essa ideia do diálogo entre as personalidades presentes dentro de nós é um método utilizado, sobretudo, na *terapia gestáltica* e na *terapia psicossintética*, e, ainda mais recentemente, na terapia derivada da *programação neurolinguística* (PNL). Mas está também presente em outras terapias. É chamada *diálogo interno*. É utilizada até fora do ambiente terapêutico, no ambiente *formativo*, especialmente na *psicossíntese*.

E elas conduzem uma interlocução e respondem como pessoas verdadeiras e individuais.

E cada uma delas tem o próprio ponto de vista e a própria filosofia de vida.

E os seus gostos e as suas preferências.

E os seus interesses e as suas repugnâncias.

As três personalidades naturais são três aspectos de nós mesmos que condicionam e dominam a nossa vida.

O primeiro a se apresentar e o mais relutante a se ocultar é a criança.

A criança

Não crescer e permanecer criança é uma das maiores desgraças que podem ocorrer com o ser humano.

permanecer criança é uma das maiores desgraças que podem ocorrer com o ser humano

Mas tem quem aceite isso alegremente como uma grande sorte.
"Ah, minha sorte é que permaneci uma eterna criança!"
Muitos o dizem.
Disse-o até Giovanni Pascoli, que teve uma vida campestre e parecia meio abilolado.

Mas com essa mania de *menininho* convenceu todos a permanecer menino e ganhou uma fortuna.⁴⁸

Bobagem!

O fato de permanecer criança é, na verdade, uma patologia psíquica.

Chama-se *síndrome de Peter Pan*.⁴⁹

Quem permanece criança arruína a própria vida.

E arruína a dos outros.

---

⁴⁸ Ver Giovanni Pascoli, "La poetica del fanciullino" [A poética do menininho], em *Il Marzocco*, 1897.

⁴⁹ "Peter Pan é um personagem literário criado pelo escritor escocês James Matthew Barrie em 1902. Trata-se de um menino que voa e que se recusa a crescer, vivendo uma infância aventurosa e sem-fim na Ilha do Nunca, como chefe de um grupo de *Meninos Perdidos*, na companhia de sereias, índios, fadas e piratas; por acaso encontra crianças do mundo real, de onde ele mesmo é proveniente, sendo um menino que nunca nasceu e transcorrendo os primeiros tempos da sua infância eterna nos jardins de Kensington. Além de duas obras literárias e uma peça de teatro de Barrie, o personagem aparece em outras numerosas obras (filmes, desenhos animados, histórias em quadrinhos inspirados nas obras de Barrie e com uso de *merchandising*" (http://it.wikipedia.org/wiki/Peter_Pan). "A síndrome de Peter Pan é a situação psicológica na qual se encontra uma pessoa imatura que se recusa (ou é incapaz) de crescer, tornar-se adulta e assumir responsabilidades. A síndrome é uma condição psicológica patológica na qual o sujeito se recusa a operar no mundo dos adultos, que ele considera hostil, e assim se refugia em comportamentos ou regras de comportamentos típicos da infância. Da síndrome existem elementos até grafológicos, quando os pacientes apresentam uma escrita rudimentar, arredondada, curvilínea, com hastes direcionadas à esquerda. O termo entrou

Pois a criança é fonte de sofrimentos infinitos.
Para ela e para os demais.
A criança é uma praga.
Já o é com dois anos.
Imagine o que é aos 35.
A criança de dois anos tem uma carinha de anjo que a protege de umas boas palmadas e nos obriga a tomá-la nos braços e afagá-la.
A natureza a defende.
A criança de 35 anos nem isso tem.
Tem uma cara de idiota, e pronto.
E isso não basta para evitar palmadas.
Assim mesmo.
Precisa sempre ser ajudada.
E, como precisa que alguém lhe preste assistência vinte e quatro horas por dia, é uma eterna infeliz.

a criança de 35 anos
é uma eterna infeliz

Só uma pessoa é capaz de assisti-la vinte e quatro horas por dia.

---

em uso comum em seguida à publicação, em 1983, de um livro de Dan Kiley, intitulado *The Peter Pan Syndrome: Men Who Have Never Grown Up*" [A síndrome de Peter Pan: homens que nunca cresceram] (http://it.wikipedia.org/wiki/Sindrome_di_Peter_Pan).

Deus.
Mas a criança de 35 anos é inconstante.
Às vezes fala um pouco com Deus, às vezes não.
E, obviamente quando ela não fala, Deus está ocupado.
Há outros 25 milhões para assistir.
Só na Itália.
Imagine em todo o mundo.
Para não falar do universo.[50]
Um desastre.
O sofrimento ocasional é natural.
Quando morre o gato ou o peixinho-vermelho, você sofre.
É natural.
Finalmente você sofre se morre sua mãe ou seu pai.
É natural.
Por quanto tempo você sofre?

---

[50] A exceção é um planeta do tipo *Alfa Kentaurus* [Alfa Centauro], onde as crianças são muito mais sábias e inteligentes do que os velhos, que são todos uns cabeças de bagre. Os adultos começam a dar sinais de degeneração mental na idade do serviço militar. Mas o sistema socioeconômico é adequado a essa característica. Ao nascer já se está aposentado com a pensão máxima. Depois ela decresce para chegar ao mínimo necessário para sobreviver na idade avançada. Um televisor colorido com um único canal de perguntas e respostas ligado vinte e quatro horas por dia e comida fornecida pela pizzaria mais próxima é tudo que o Estado fornece nos últimos anos de vida a esses afortunados extraterrestres.

Um mês?
Dois meses?
Um ano?
Dois anos?
Depois de dois anos você deve ir ao psiquiatra.
O sofrimento contínuo, crônico, é *neurótico*.

o sofrimento crônico é neurótico

Por fim, o medo é natural.
Se for eventual.
Mas, se for crônico, é neurótico.

o medo crônico é neurótico

E assim a ansiedade, a depressão, os ataques de pânico.
Todos sintomas infantis.
A criança, de fato, vive com *medo*.

a criança vive com medo

Todos pensam que as crianças são as criaturas mais felizes deste mundo.
Errado.
São, ao contrário, as mais infelizes.
Depois dos minúsculos cães yorkshire, naturalmente.

Porque os minúsculos cães yorkshire sabem que são um furúnculo no cu do mundo.

Que podem ser espremidos a qualquer momento.

As crianças, ao contrário, não o sabem.

Pensam que são o centro do universo e que o universo gira em torno delas.

Mas, como os minúsculos yorkshire, elas se agitam e tremem.[51]

Você já viu um são-bernardo se comportar como um minúsculo yorkshire?

E não é a garrafinha de aguardente que o torna tão seguro de si mesmo, se é que você está pensando nisso.

É o fato de ser um adulto.

E de não ter medo de ninguém.

É por isso que é preciso crescer.

Porque, se permanecemos crianças, vivemos com medo e infelizes.

Se, em vez disso, crescemos e nos tornamos adultos, vivemos felizes e com segurança.

É isso aí.

---

[51] Eu pensava que os minúsculos yorkshire tremessem de frio, visto que são montinhos de ossos. Não é assim: tremem de terror. De fato, continuam a tremer mesmo perto de um aquecedor.

se permanecemos crianças,
vivemos com medo e infelizes;
se crescemos e nos tornamos adultos,
vivemos com segurança e felizes

É absolutamente necessário crescer.
É preciso tornar-se adulto.
É uma necessidade natural.

tornar-se adulto é uma necessidade natural

É absolutamente necessário curar-se da neurose infantil.
Para conseguir isso, é necessário tornar-se adulto.

para curar-se da neurose infantil,
é necessário tornar-se adulto

A neurose infantil é hoje, entre todas as neuroses, a mais recorrente na prática clínica da psicoterapia.
Há uma quantidade enorme.
Constitui a *estrutura oculta* de grande parte das síndromes de fundo *ansioso e depressivo*, com *somatização* mais ou menos grave.

a neurose infantil constitui a **estrutura oculta**
de grande parte das síndromes de fundo
ansioso e depressivo,
com **somatização** *mais ou menos grave*

Não somente isso, mas também muitas síndromes de fundo *fóbico e maníaco* têm frequentemente a mesma natureza da neurose infantil.

muitas síndromes de fundo **fóbico e maníaco**
têm frequentemente a mesma natureza
da neurose infantil

Na prática, todas as síndromes de origem *não traumática* em que se tenha uma *autoimagem débil ou negativa* são originárias fundamentalmente da neurose infantil.

todas as síndromes de origem **não traumática**
em que se tenha uma **autoimagem débil ou negativa**
são originárias fundamentalmente
da neurose infantil

O diagnóstico da neurose infantil é feito na base de consultas objetivas.
Por um lado, a presença de sintomas típicos dessa neurose denunciados pelo próprio sujeito.

Que vimos sentir-se inseguro, com medo generalizado, ansiedade, depressão, bipolaridade (síndrome ansioso-depressiva), angústia, ataques de pânico, comportamento maníaco e fóbico, somatização.

os sintomas da neurose infantil são insegurança, medo generalizado, ansiedade, depressão, bipolaridade, angústia, ataques de pânico, comportamento maníaco e fóbico, somatização

Por outro lado, o próprio comportamento do sujeito.
Que será tipicamente *logorreico, hipercinético, ansioso*.
Ou até *catatônico, incomunicativo, deprimido*.

o portador de neurose infantil é tipicamente logorreico, hipercinético, ansioso *ou até* catatônico, incomunicativo, deprimido

São os dois polos da neurose infantil.
O sofrimento do neurótico infantil é grande.
Não apenas porque fazer-se de criança com 30 ou 40 anos nas costas é objetivamente difícil e debilitante.
Além de socialmente discriminante.
Porque poucas pessoas têm disposição ou vontade de fazer o papel de papai dos outros.

Que supõem adultos.

Mesmo quando somente na aparência.

Mas sobretudo porque as *somatizações* que frequentemente acompanham a neurose infantil são muito graves.

Distonia neurovegetativa, insônia, impotência sexual, dermatites, dores musculares, inapetência, anorexia, bulimia, astenia, afecções cardíacas e de circulação sanguínea, e, finalmente, colite e úlcera duodenal, para citar apenas algumas.[52]

Síndromes que levam o neurótico infantil a se tornar um paciente sistemático incurável — como bem sabem, para seu desespero, os médicos que prestam assistência básica.

Pois naturalmente a atenção do médico é focalizada nos sintomas visíveis.

Mas esses têm uma causa invisível.

O estado crônico de ansiedade.

Isto é, *medo*.

De fato, o neurótico infantil está sujeito, como uma criança, a medos e angústias contínuas.

E, como é sabido, o medo e a angústia constituem estados crônicos de *tensão*, provocando a somatização.

---

[52] Como é bem sabido em medicina, as afecções cardíacas e circulatórias, como a colite e a úlcera duodenal, são frequentemente causadas pela contração muscular crônica resultante da constante ansiedade (estado crônico de estresse).

*os estados crônicos de tensão provocam
a somatização*

Como já foi cientificamente demonstrado.[53]
De fato, são as somatizações, até graves, que convencem o neurótico infantil a se tratar.
Embora ele quase sempre desconheça a própria neurose, como todos os neuróticos.

*o neurótico infantil quase sempre desconhece
a própria neurose,
como todos os neuróticos*

Ele só tem conhecimento dos seus sintomas e dos seus próprios distúrbios somáticos.
Mas não tem conhecimento do seu medo crônico.

*o neurótico infantil não tem conhecimento
do seu medo crônico*

Que é claramente patológico.
Mas que ele atribui a um sentimento humano normal.

---

[53] Ver Henri Laborit, *L'inibizione dell'azione* [A inibição da ação], tradução italiana, Il Saggiatore, Milão, 1986.

o neurótico infantil atribui o medo crônico a um sentimento humano normal

Não é verdade.

O medo crônico não é um sentimento humano normal.

O medo é um estado extraordinário de alarme, circunscrito a situações extraordinárias de agressão.

o medo é um estado extraordinário de alarme, circunscrito a situações extraordinárias de agressão

Quando se torna crônico, é evidentemente *patológico*.

Porque evidentemente não se pode estar sempre sob agressão.

Logo, se o medo se torna crônico, evidentemente não corresponde à realidade.

Portanto, é patológico.

o medo crônico é patológico

O neurótico infantil, como as crianças de verdade, precisa de *proteção*.

Em termos humanos, isso se traduz como *necessidade de afeto*.

De fato, o neurótico infantil tem uma *fome de afeto* crônica.

o neurótico infantil tem uma fome de afeto crônica

Que, sendo crônica, é evidentemente patológica.
De fato, tudo que é crônico é patológico.

tudo que é crônico é patológico

Porque a realidade é dinâmica e não estática.
A realidade é uma mudança contínua.
Buda descobriu isso há dois mil e quinhentos anos.[54]
Em vez disso, o neurótico infantil está firmemente apegado ao próprio desejo de afeto.
Como uma criança de um ano.
O neurótico infantil atribui a própria fome patológica de afeto a um "normal direito humano ao amor".
Que, na verdade, quer dizer "a ser amado".
O que, por sua vez, não é de modo algum um direito.
Não é um direito legal.[55]

---

[54] É a lei da *impermanência*: ver meu livro *Come diventare un buddha in cinque settimane* [Como tornar-se um buda em cinco semanas], Ponte alle Grazie, Milão, 2005.
[55] O direito legal da criança (mas não da criança neurótica de 35 anos) é limitado à *assistência material*, como bem sabem muitas crianças e não somente as que vivem nos orfanatos. O amor não faz parte do pacote.

Não é um direito natural.[56]

Mas, se não vem associado ao próprio insaciável desejo de afeto, o neurótico infantil *mata*.

É a segunda vez nos meus livros que ofereço à sociedade a explicação científica dos chamados "delitos familiares".[57]

Parece que ninguém se dá conta.

Talvez os meus leitores sejam as pessoas erradas.

Os meus livros deviam ser lidos por médicos, psicólogos, psicoterapeutas e psiquiatras.

Até criminologistas.

Em vez disso, os meus leitores são pessoas normalíssimas.

"Marido abandonado mata a mulher e os filhos e depois se mata."

"Adolescente mata os pais e irmãos."

"Serial killer mata mulheres."

"Estudante (americano) comete carnificina na escola (americana)."

---

[56] Não são poucas as mães que abandonam os filhos logo após o parto. Acontece muito nas caçambas de lixo. Antigamente se usava a Roda dos Expostos nas igrejas. Bons tempos! Mas ultimamente não usam nem as caçambas, para não sujá-las (as caçambas, e não os filhos). Matam-nos brutalmente lançando-os pelas janelas ou nos rios, ou tocando fogo. É mais limpo. Algumas os fazem desaparecer. O que é um progresso.

[57] Ver o meu livro *Il fascino discreto degli stronzi* [O fascínio discreto dos babacas], Mondadori, Milão, 2009.

Todos os neuróticos infantis insatisfeitos na sua sede insaciável de afeto dos próprios pais biológicos ou adquiridos (cônjuges, professores, companheiros, entre outros).

Especialmente da própria mãe.

A maior parte das vítimas, de fato, é de mulheres.

Os neuróticos infantis realizam a sua vingança por não serem mimados.

E, convencidos de que não são capazes de viver sós, eles se matam.

Ser um neurótico infantil é terrível.

Como o sabe muito bem Vincenzo.

De quem falaremos no próximo capítulo.

Vincenzo

A invenção da psicoterapia evolutiva foi, como muitas outras invenções, produto do acaso.[58]

---

[58] Assim ocorreu com a panela, o chuveiro e a cama, as únicas invenções humanas dignas de consideração. Tudo por causa das mulheres, naturalmente. Um dia, uma mulher, cansada de esquentar a sopa sobre as pedras no sol, disse ao marido: "Já que você está se bronzeando sem fazer nada, coloque as mãos em concha." E lhe derramou a sopa. E depois: "Fique quieto com as mãos no sol, que vai esquentar... crianças, em dez minutos o almoço está na mesa." Um dia ele se cansou de ficar no sol com as mãos em concha e fez uma panela. Com o chuveiro foi assim: enjoada de andar dez quilômetros todos os dias até a cascata, uma mulher disse um dia ao marido: "Escuta aqui, meu bem, encontrei um lugar belíssimo para morar: perto de uma cascata." E, para a cama, ela disse: "E se a gente fizesse na cama?" Ah, as mulheres! Sem elas estaríamos ainda na Idade da Pedra.

Eu havia testado todos os métodos conhecidos com pessoas que sofriam de insegurança, medo, ansiedade, depressão, angústia, ataques de pânico.

Mas inutilmente.

Naturalmente, todas as terapias baseadas no *diálogo*.

Mas você já tentou convencer com palavras alguém que sofre de ataques de pânico que deve parar de tê-los?[59]

Ou curar alguém que sofre de depressão simplesmente conversando com ele?[60]

---

[59] O melhor método é o de passar aos fatos. Havia um senhor em cima do Domo de Milão que olhava para baixo e estava tendo um ataque de pânico. Alguém se aproxima e lhe diz: "Quer apostar que eu me jogo daqui e a um metro do chão eu paro e volto para cima?" "Não brinque, por favor, estou tendo um ataque de pânico." "Não estou brincando! Olhe." E se joga. A um metro do chão, para e volta para cima. O outro o olha estupefato. "Como você conseguiu?" "Simples: autossugestão." "O quê?" "Autossugestão. Uma bobagem. Basta repetir quatro vezes a fórmula: 'A um metro do chão eu paro e volto para cima.'" "Mas não é possível!" "Não, não, é verdade. Você viu com seus próprios olhos. Você também pode fazer a mesma coisa." "Mas eu estou tendo um ataque de pânico!" "Melhor ainda. Nada melhor do que este exercício para acabar com o ataque de pânico. Experimente!" "É seguro?" "Seguríssimo!" O outro repete quatro vezes a fórmula. "Está pronto?" "Acho que..." "Então se jogue!" Ele se joga e se estatela no chão. Do alto, o outro olha para ele e murmura: "É verdade que, como anjo da guarda, sou um grande filho da puta!"

[60] Quando se apresentou o meu primeiro deprimido, ele me disse: "Doutor, eu sou o homem mais azarado do mundo!", e me fez uma lista com uma série impressionante de desgraças. Então eu, como faria

Ou convencer a pegar um avião alguém que tem medo de que ele vai cair?

Tudo inútil.

O medo nem está ligando para os argumentos.

Até que um dia apareceu Vincenzo no meu consultório.

Tinha 59 anos.

Há dez anos sofria de medo.

Medo de tudo.

A ponto de não saber de que nem por quê.

---

qualquer pessoa de bom-senso, lhe disse: "Mas não! Você não é o homem mais azarado do mundo. Há outras pessoas mais azaradas do que você!" E lhe fiz uma lista de uma série de desgraçados exemplares, entre os quais muitos mortos de fome, mutilados, sobreviventes de tragédias e doentes terminais. Ele se levantou. "O senhor é um cretino! Eu o aconselho a mudar de profissão!" E foi embora, deixando-me sozinho com meus pensamentos. Compreendi logo que ele estava coberto de razão. Em meio a tanta desgraça, sobrara-lhe apenas uma satisfação: aquela de ter o primado da má sorte. O homem mais azarado do mundo! Ora, bolas! Até aquela satisfação eu lhe havia tirado! Eu lhe dissera que, mesmo como pé-frio, ele não valia nada. Havia gente pior do que ele! Naturalmente, não segui o seu conselho. Não mudei de profissão. Mas mudei de método. Agora, quando chega um deprimido e me diz sempre: "Sou o homem mais azarado do mundo", eu lhe respondo sempre: "Estou absolutamente convencido disso. Aliás, lhe digo mais. Até o Pai Eterno criou o universo somente com um objetivo: o de jogar toda a má sorte em cima de você!" Essa afirmação não cura o deprimido, é natural. Mas faz com que ele reflita. E ele sempre responde: "Bem, doutor, acho que o senhor está exagerando um pouco."

Tinha medo, e pronto.
Não conseguia sair sozinho de casa.
Se não estivesse acompanhado da mulher.
Não saía na rua sozinho.
Não guiava um carro sozinho.
Não tomava um ônibus, um trem, um metrô sozinho.
Que dirá avião.
Tinha medo.
Medo de tudo.
Medo de ficar doente.
Medo de envelhecer.
Medo de ficar só.
Medo de viver.
Uma neurose grave.
Incapacitante.
Que o obrigara a se aposentar prematuramente.
O que naturalmente agravara sua condição.[61]
O que fazer?
As conversas inúteis de sempre?

---

[61] A aposentadoria tem efeitos opostos sobre as pessoas. Ou elas morrem em pouco tempo, e as seguradoras contam com isso, ou revivem. E com isso contam os aposentados. Mas não se trata de boa ou má sorte. Mas de imbecilidade e inteligência. Os imbecis morrem. Porque não sabem o que fazer. Os inteligentes sobrevivem. Porque encontram sempre alguma coisa para fazer. A aposentadoria produz uma seleção natural. Como o casamento.

No início foi assim.

Vincenzo, você deve parar de ter medo.

Vincenzo, não há nada de que ter medo.

Como dizer a um peixe: você deve parar de ficar dentro da água.

Como dar um tiro nas nuvens.

Até que um dia, para experimentar alguma coisa diferente, tentei a *hipnose*.

Não aquela verdadeira, a profunda.

Não o sono sem recordações.

Aquela superficial.

Com o sujeito acordado.

Só um pequeno cochilo.

Que, se quisermos ser precisos, nem chega a ser hipnose.

Mas se chama assim quando é usado pela programação neurolinguística.[62]

Talvez não dê certo com Vincenzo, pensei.

Não foi violentado pelo tio.

E muito menos pela tia.

O que é ainda menos compreensível.

Não sofreu nenhum trauma.

Pelo menos, é o que ele diz.

Diz que não se lembra.

---

[62] Ver Richard Bandler e John Grinder: *Ipnosi e trasformazione* [Hipnose e transformação], tradução italiana, Astrolabio, Roma, 1983.

Mas talvez não existam traumas removidos, aqueles que não deixam lembranças que provocam neuroses ou histeria, segundo a psicanálise?

Embora isso me lembrasse justamente um caso de histeria.[63]

De fato, não tinha qualquer sintoma de histeria.

Que é pouco frequente nos homens.

E ainda menos nos napolitanos.

Assim, sem ao menos muita convicção, coloquei-o nesta hipnose superficial.

---

[63] A histeria era muito difundida no fim do século XIX e início do século XX, na época vitoriana, conhecida por sua rigorosa repressão sexual. Naquele tempo, em que até as pernas de cadeiras barrocas ou rococós, por suas curvas, eram consideradas pecaminosas (e, de fato, dizem que a rainha Vitória fez enfaixar todas as que existiam na corte), bastava ver o bilau do papai para ficar marcada pela vida. Havia-se transgredido um grave tabu social, e isso bastava para enlouquecer. Curava-se o trauma removendo-o da memória, mas isso trazia sintomas deletérios, como a angústia, a cegueira e até a paralisia. Não eram efeitos limitados às meninas, pois aos machos era permitida certa liberdade sexual, embora não oficial, inclusive o acesso a bordéis, muito difundidos na época. Tanto é que se chamava *histeria*, proveniente do grego *isteros*, útero. E, de fato, Sigmund Freud a identificou e a curou, sobretudo nas suas pacientes mulheres, inventando a psicanálise. E surgiu a ideia de que a neurose era sempre de origem sexual. O que não é verdade. Com efeito, a histeria não existe mais. Qual é a menina que se escandaliza hoje em dia se vê o bilau do papai? No máximo confidencia ao irmão, comentando que o dele é mais grosso. Ao que ele responde: "É verdade, mamãe também me disse isso."

"Me diga o que está vendo", digo-lhe.
"Um deserto."
"Bom, e depois. O que vê mais?"
"Um menino."
"Bom."

O terapeuta sempre deve dizer "bom", qualquer que seja a coisa que o sujeito veja, mesmo terrível.

Senão ele se assusta.

O sujeito, naturalmente.

Mas, às vezes, até o terapeuta.

"Continue."
"Está chorando."
"Quem?"
"O menino."
"Você sabe por quê?"
"Sim."
"Por quê?"
"Porque está apavorado."
"Com quê?"
"Com tudo."
"Como assim com tudo?"
"Com tudo, mas sobretudo com a solidão."
"Por quê? Está só?
"Sim."
"É por isso que está apavorado? Porque está só?"
"Sim. Porque não sabe sobreviver sozinho."

"E do que precisa para sobreviver?"
"Da mãe. Precisa da mãe."
"E com a mãe consegue sobreviver?"
"Sim."
"Por quê?"
"Porque a mãe o protege. Com a mãe se sente protegido."
"Como você com sua mulher?"
"Sim."
"Logo, você é como aquele menino."
"Sim."
"Talvez haja mais uma coisa."
"O quê?"
"Talvez seja você mesmo aquele menino. Não é?"
"Sim. Aquele menino sou eu."

Assim nasceu a psicoterapia evolutiva.

Submeti ao mesmo tratamento todos os neuróticos que conhecia.

Todos crianças.

Machos e fêmeas.

Meninos e meninas.

Todos sozinhos, abandonados.

Muitos no deserto (os meninos).[64]

---

[64] Os meninos se deixam sugestionar por filmes de aventuras muitas vezes ambientados em continentes exóticos, como a África ou a Ásia, cheios de desertos. Nunca se sentiriam perdidos em Gallarate ou Cefalù.

Alguns no bosque (as meninas).⁶⁵
Sozinhos.
Abandonados.
Apavorados.
Sem a mãe.
Na vida real todos agarrados morbidamente a uma "mãe".
A mulher.
O marido.
A noiva.
A amiga.
O cachorro.
Mas estas mães não os curam.
Pois são mães postiças.
Não podem ficar à sua disposição vinte e quatro horas por dia.
Menos o cachorro.
Que não pode escapar.
Mas o cachorro não fala.

---

⁶⁵ As meninas se deixam sugestionar por filmes terríveis para a infância, projetados por machistas para apavorar e ter sob o seu domínio até as grandes. Basta pensar em *Branca de neve*, de Walt Disney, em que ela foge sozinha para o bosque onde as árvores têm mãos e braços para agarrá-la. Coisa de mantê-la mentalmente estropiada por toda a vida! De fato, isso explica muita coisa. Não só a respeito das meninas, mas também a respeito de Walt Disney.

Está ali e te olha.
E já é alguma coisa.
Mas não basta.
Não fala com você.
Você gostaria que ele dissesse:
"Não tenha medo, minha pequenina, sua mãe está aqui e te protegerá."
"Mamãe nunca te abandonará, meu pequenino."
"Tua mamãe te amará para sempre."
"E te protegerá."
"De tudo."
Mas isso o cachorro não lhe diz.
Acho até que nem pensa em dizer.
Mas olha bem.
Talvez ele também seja um desgraçado sem mãe.
Que pensa que sua mãe seja você.
Da frigideira para o fogo.
Mas isso ninguém te diz.
Mesmo porque ninguém pode manter a promessa.
De ficar ao seu lado e nunca te abandonar.
Nem mesmo o cachorro.
Que logo que pode escapa.
E então você se sente sozinha e abandonada.
Num deserto desolador.
Num bosque escuro e apavorante.
Num universo hostil, no qual, além de solidão, existem fracasso, pobreza, doença, velhice e morte.

E você é uma menina pequenina ou um menino pequenino incapaz de enfrentar sozinho esses monstros.

Eis a causa do seu medo!

Da sua ansiedade.

Da sua insegurança.

Da sua depressão.

Da sua angústia.

Dos seus ataques de pânico.

O universo hostil.

Os monstros que nele habitam.

É natural que você tenha medo de todos esses monstros.

E de outros ainda.

De todos os monstros.

Que se não existem você os inventa.

Porque ao menino não falta, por certo, fantasia para inventar os monstros que o ameaçam.

Eis a causa da neurose infantil.

A autoimagem infantil.

a autoimagem infantil
é a causa da neurose infantil

A persistência da personalidade infantil.

Nem me fale de trauma!

Não houve trauma algum.

Tecnicamente se trata de uma neurose não traumática.

É por isso que não é diagnosticada.

Porque, não havendo um trauma que a cause, não se vê a causa.

As neuroses não traumáticas foram chamadas, até agora, de *neuroses inespecíficas.*

Porque, não se conhecia a causa e, portanto, não se podia classificar.

Mas existe a causa.

Eu a encontrei.

A autoimagem infantil.

A persistência da personalidade infantil.

Uma causa específica.

Logo, diferente da neurose inespecífica!

Uma verdadeira *neurose infantil.*

Foi assim que nasceu a *psicoterapia evolutiva.*

E foi assim que nasceu o meu livro *À procura do carinho perdido.*

Como diz Buda, para eliminar o sofrimento é preciso remover a sua causa.[66]

---

[66] Em *Quattro Nobili Verità* [Quatro nobres verdades], Buda afirma: "1) existe o sofrimento; 2) o sofrimento tem uma causa; 3) o sofrimento pode ser eliminado; 4) a eliminação do sofrimento se obtém com a eliminação da sua causa." Ver o meu livro *Come diventare un Buddha in cinque settimane* [Como se tornar um Buda em cinco semanas] citado.

E, se a causa do sofrimento neurótico é a autoimagem infantil, essa autoimagem infantil deve ser removida para curar o sofrimento neurótico.

De onde?

Da memória.

Mas como?

A memória não se apaga.

Senão com a morte.

E agora?

Matar o paciente para curá-lo não é uma coisa brilhante.

Embora muitas vezes se faça.

Elimina a doença, mas elimina também o paciente.

Para colocar de lado um objeto da memória, tem que se criar outro mais potente.

para colocar de lado um objeto da memória, tem que se criar outro mais potente

Que o domine e o substitua.

Há que se criar *uma outra autoimagem.*

Uma autoimagem forte, segura, que não tenha medo de nada.

Uma autoimagem de *adulto.*

Há, portanto, de se mudar a personalidade do sujeito, da infantil para a adulta.

Para curar a neurose infantil, há que substituir a autoimagem infantil pela autoimagem de adulto.

para curar a neurose infantil,
há que substituir a autoimagem infantil
pela autoimagem de adulto

Como fazer?
Somente de um modo.
Com um *transplante*.
Há que se transplantar no sujeito uma personalidade adulta que substituirá a infantil e transformará o sujeito de criança em adulto.
Isso é o que faz a psicoterapia evolutiva.
Transforma o sujeito de criança em adulto por meio da transformação da sua autoimagem.

a psicoterapia evolutiva
transforma a autoimagem
de criança em adulto

Mas como?
Do mesmo modo como se forma a autoimagem em condições naturais.
Pela *sugestão*.
É por meio da sugestão de ter se tornado adulto, de fato, que se constrói, na natureza, a personalidade adulta.

Eis em que consiste, na prática, a psicoterapia evolutiva.
Numa *sugestão*.
Uma sugestão que atua no nível do inconsciente.
Até as outras terapias consistem substancialmente numa sugestão inconsciente.
Mas o erro delas é terem escolhido a estrada errada para chegar ao inconsciente.
Através do diálogo.
Mas o diálogo se move no consciente e o consciente está cheio de censuras, de bloqueios, de análises racionais e de resistências.
E por que se voltar para a sugestão consciente quando ela deve ser depositada no inconsciente?
Não é talvez mais inteligente se voltar diretamente para o inconsciente?[67]
É o que faz a psicoterapia evolutiva.
Enraíza no inconsciente, por meio da sugestão, uma autoimagem adulta.

---

[67] É como ir falar com o pai para pedir a mão da filha. Alguém dificilmente terá uma ideia de como é a filha falando com o pai. Convém falar com a mãe. Assim se tem ideia de como será a filha quando tiver a idade da mãe. É por isso que mandam falar com o pai. Se mandassem falar com a mãe, o número de casamentos diminuiria de modo drástico.

a psicoterapia evolutiva enraíza no inconsciente a autoimagem adulta

Durante três meses bombardeei Vincenzo com sugestões voltadas à sua personalidade adulta.

Três vezes por semana.

Tinha medo de guiar um carro?

Fiz com que ele imaginasse ser um piloto de Fórmula 1.

Um adulto.

Tinha medo de tomar um avião?

Fiz com que ele imaginasse ser o Barão Vermelho, o herói da aviação alemã na Primeira Guerra Mundial.[68]

Um outro adulto.

Tinha medo de sair de casa sozinho?

E fiz com que ele imaginasse ser o Batman, que passeia pelas ruas de Nova York.[69]

Um adulto durão.

Tinha medo de se aventurar por ruas mal-iluminadas?

---

[68] Eu me inspirei em Snoopy, o cachorro de Schulz, naturalmente, e não no barão Manfred von Richthofen. Mas funcionou do mesmo jeito. Pois Snoopy é um adulto. Manfred von Richthofen, não sei.

[69] Uma freira passeava pelas ruas de Gênova. Um homem salta na sua frente e a enche de socos. Depois para e exclama, perplexo: "Bonito, Batman, pensava que você era mais forte!"

Fiz com que ele imaginasse ser Indiana Jones e explorar os túmulos dos faraós.

Um outro adulto durão.

No fim, Vincenzo ficou curado.

Fez um pouco de confusão com relação à sua identidade, mas curou-se.

Em três meses.

Com três sessões por semana.

Era um caso difícil.

Mas ele conseguiu.

Agora não tem medo de nada.

Agora sai sozinho, toma o ônibus sozinho, dirige sozinho o carro.

Também toma sozinho o avião.

Sem a mulher.

Chegou mesmo a se perguntar se precisa de uma mulher.

Mas, para isso, será necessária outra terapia.

A personalidade

O que é a personalidade?
 Evidentemente a *pessoa* com a qual nos identificamos.[70]
 E de que é constituída?
 Evidentemente de uma *imagem*.
 Uma verdadeira *imagem visualizada* de nós mesmos.
 A nossa *autoimagem*.
 Mas não somente isso.
 Também uma série de *comportamentos* recorrentes.

---

[70] O termo "pessoa" vem do latim *personare*, "soar por meio de", que se refere à máscara de madeira usada pelos atores para amplificar a própria voz e caracterizar os personagens por eles interpretados. O significado é de "personagem": precisamente o personagem que interpretamos na nossa vida.

O nosso "caráter".
E onde residem essas imagens e esses comportamentos?
Evidentemente na nossa *memória*.
É na *memória*, portanto, que reside a nossa personalidade.

> *a personalidade consiste*
> *numa* autoimagem *e numa série*
> *de comportamentos recorrentes*
> *registrados na* memória

A autoimagem e os comportamentos estão ligados entre si.
A ativação de um implica a ativação do outro.
Juntos constituem justamente o que chamamos de *personalidade*.
Mas como se forma a personalidade na memória?
Por exemplo, como se forma a nossa autoimagem de *criança*?
A imagem que vemos da criança em torno de nós e a nossa imagem vista no espelho (se o tivermos) se registram na nossa memória e formam a nossa autoimagem de criança.
Para que essa imagem se fixe na nossa memória, a sua visualização *precisa ser repetida um grande número de vezes*.

Entretanto, a nossa autoimagem é constituída não apenas de uma imagem visualizada, mas também da *conceitualização de uma tipologia comportamental.*

> *a autoimagem é constituída de uma imagem visualizada,*
> *mas também da* conceitualização de uma tipologia comportamental

Justamente a infantil, caracterizada pela falta de autonomia.

Que se torna, portanto, também um *estado existencial.*

E em definitivo uma *identidade pessoal.*

Isto é, uma *autoimagem.*

A ela se associa a tipologia comportamental tipicamente infantil.

Mas nós também registramos na nossa memória comportamentos tipicamente adultos e comportamentos tipicamente de genitor.

Nós a vemos agir em torno de nós no nosso ambiente familiar.

Portanto, na nossa memória são registradas também a personalidade adulta e a personalidade de genitor.

Podemos dizer que existem em nós três personalidades diversas.

As três personalidades naturais da criança, do adulto e do genitor.

Que correspondem à nossa evolução biológica e social.

Essas três personalidades consistem, no âmbito da memória, num conjunto de imagens e comportamentos registrados.

Eles constituem *bancos de memória*.[71]

No primeiro caso, um banco de memória no qual está escrito "EU SOU UMA CRIANÇA".

No segundo caso, um banco de memória no qual está escrito: "EU SOU UM ADULTO."

Isto é: "EU SOU UM HOMEM" ou então: "EU SOU UMA MULHER."

No terceiro caso, um banco de memória no qual está escrito: "EU SOU UM GENITOR."

---

[71] Uso essa locução não havendo outra mais específica.

Isto é, "EU SOU UM PAI" ou, então, "EU SOU UMA MÃE".

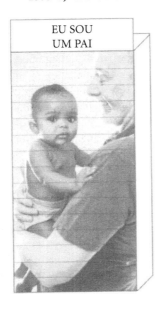 

Esses bancos de memória constituem *personalidades* verdadeiras.

Pois, na verdade, são *programas de condicionamento*.

Eles condicionam todo o nosso *comportamento*: os nossos sentimentos, as nossas emoções, as nossas ações, o nosso pensamento.[72]

Mas, quando e por que se ativa o comportamento condicionado relativo a uma personalidade natural específica?

Evidentemente quando se verificam no ambiente as circunstâncias que estimulam a ativação daquela personalidade específica.

Se as circunstâncias induzem à adoção de um comportamento infantil de submissão, de desculpa ou de pedido de ajuda, ativa-se automaticamente a personalidade infantil.[73]

Se as circunstâncias induzem à assunção de um comportamento adulto de domínio, autoafirmação ou prevaricação, a personalidade adulta se ativará automaticamente.

---

[72] Que, como vimos, são em grande parte *automáticos*, isto é, produto do nosso inconsciente, segundo a autoimagem, ou seja, a personalidade com a qual nos identificamos naquele momento. Cf. meu livro *Come smettere di farsi le seghe mentali e godersi la vita* [Como parar de fazer masturbação mental e gozar a vida], citado.

[73] A doença, por exemplo, induz muitas vezes à assunção de uma personalidade infantil, pois é uma ferida do *Eu*. Se a personalidade infantil é particularmente forte, a regressão infantil ocorrerá sistematicamente. Mas há o caso no qual a personalidade adulta é prevalente e então a regressão não ocorre, ou ocorre apenas parcialmente. Continuará então a dominar a situação, apesar da doença.

O medo é uma masturbação mental 127

Se as circunstâncias induzem à assunção de um comportamento de genitor de assistência, proteção ou dedicação, a personalidade de genitor se ativará automaticamente.

Isso é o que acontece com uma pessoa *sã*.

Que se desenvolveu e, portanto, tem à sua disposição as suas três personalidades naturais.

É o que fazem espontaneamente os animais no seu ambiente natural.[74]

Com relação aos humanos, para que tudo isso ocorra, é preciso que tenham à disposição as autoimagens correspondentes às três personalidades naturais.

Se não houve o desenvolvimento da autoimagem adulta e o sujeito continua a se identificar com a autoimagem infantil, ele será incapaz de ativar o comportamento adulto quando as circunstâncias assim o exigirem.

---

[74] Os quais, naturalmente, são pessoas saudáveis. Não existem animais neuróticos no seu ambiente natural. Podem ser obrigados a conviver no ambiente humano, para eles antinatural. Cães e gatos arrancados da mãe antes de aprenderem a procurar comida permanecem imaturos toda a vida. Isso explica o comportamento subalterno e dependente dos seres humanos. Nós os chamamos de *domesticados*. Mas é o correspondente animal da neurose infantil humana. No seu ambiente natural, aqueles animais se agrediriam sem hesitação, ou por fome, ou para se defenderem, ou pelas suas crias. Os cães de combate ou de defesa são igualmente neuróticos, pois são criados em condições de estresse sistemático. A neurose deles, entretanto, é oposta à precedente: são neuróticos adultos, que usam sempre e somente essa personalidade agressiva e exasperada de defesa própria e do seu território.

Isso acontece quase sempre: na existência humana, assim como na animal, a necessidade de usar a personalidade adulta constitui a maioria dos casos.

Com maior razão o sujeito será incapaz de ativar o comportamento de genitor.

Pois a formação das três personalidades é *sequencial*.[75]

Não é possível alguém se tornar genitor se primeiro não se tornar adulto.

não é possível alguém se tornar genitor
se primeiro não se tornar adulto

A sequência criança-adulto-genitor é uma *sequência natural* que segue necessariamente esta ordem de formação.

a sequência criança-adulto-genitor
não pode ser alterada na sua ordem

De fato, como cuidar dos demais se não se é capaz de cuidar de si mesmo?

Qualquer tentativa de imitação do comportamento de genitor da parte dos portadores de personalidade infantil é superficial e provisória.

Tais pessoas continuam a ser crianças em qualquer circunstância.

---

[75] Ver o meu livro *Alla ricerca delle coccole perdute* [À procura do carinho perdido], citado.

Pois a única, exclusiva e cogente personalidade à sua disposição é a infantil.

E não podem usar nenhuma outra.

Trata-se, de fato, como já disse, de uma *neurose*.

Pois não é apenas um comportamento em desarmonia com a realidade.

Mas também um comportamento *forçado*.

De modo particular, ele não está em sintonia com a realidade.

Que é aquela de adulto.

Mas que os neuróticos vivem como aquela de crianças.

E assim se trata propriamente de uma *neurose*.

A *neurose infantil*.

Como se pode constatar, de fato, seu comportamento é caracteristicamente infantil.

A neurose infantil consiste, assim, na persistência da personalidade infantil além da idade natural de emancipação.

Que, na natureza, é aquela da adolescência.[76]

---

[76] Nos países industrializados é retardada para muito depois da adolescência. É por isso que, para os que vivem em sociedades industrializadas, a adolescência parece uma idade muito precoce para a emancipação. Mas, nas sociedades pré-industrializadas (hoje em dia nós as chamamos de "Terceiro Mundo"), a adolescência continua sendo a idade da emancipação. O que comprovam todos os ritos de iniciação à idade adulta que sobrevivem nas sociedades pré-industrializadas (por exemplo, nas cidades africanas), os quais ocorrem justamente na adolescência.

A personalidade infantil, persistindo após a adolescência e retardando a experiência de dependência e da incapacidade de autonomia, inevitavelmente se reforça e se torna a única personalidade disponível.

Ela se torna *reforçada e radicalizada* em seguida aos dados que nós mesmos introduzimos na nossa memória.

Toda vez que eu penso "não vou conseguir", "não sou capaz", "sou um perdedor", "tenho medo", "não cheguei lá", é como se dissesse: "EU SOU UMA CRIANÇA."

E todas as vezes é como se adicionasse ao livro, isto é, ao banco de memória que constitui a minha personalidade infantil, mais uma página em que estivesse escrito "EU SOU UMA CRIANÇA".

E me transformo de uma criança normal em uma *criança apavorada*.

Porque as reações infantis, como insegurança, medo, ansiedade, depressão, são *exasperadas* quando presentes num sujeito do qual se esperava um comportamento adulto.

E, assim, reações normais de criança se tornam, em pessoas legalmente adultas, verdadeiros *sintomas neuróticos*.

É desse modo que se desenvolve a *neurose infantil*.

A pessoa portadora de neurose infantil que se submete a um estado de hipnose evidencia, de fato, uma *autoimagem infantil*.

Não somente isso, mas uma autoimagem infantil *apavorada* consigo mesma.

Reações infantis como insegurança, medo generalizado, ansiedade, depressão, ataques de pânico, angústia, comportamento maníaco e fóbico, normais numa criança, tornam-se, em pessoas legalmente adultas, verdadeiros e próprios *sintomas neuróticos*.

A *neurose infantil* consiste, dessa forma, em ter à sua disposição uma única personalidade.

A *infantil*.

A autoimagem adulta

E, agora, como se faz para curar a neurose infantil?
Evidentemente, a solução é construir uma personalidade adulta que venha a tomar o lugar daquela infantil.
Vimos que a personalidade é constituída de dois componentes: a autoimagem e o protocolo comportamental.
É preciso, portanto, construir uma imagem adulta de si mesmo e assumir um comportamento típico de adulto.
Na natureza, ambos se constroem seguindo a *experiência*.
É a experiência de episódios de independência, de autonomia e de domínio do ambiente que dá lugar à construção de uma autoimagem adulta.
A constatação da minha capacidade de independência, de autonomia e de domínio do ambiente me faz dizer "eu

sou um adulto" e faz com que eu veja a mim mesmo como um adulto, até em nível de visualização.

É o mesmo processo pelo qual se construiu a minha autoimagem de criança.

Cada vez que digo a mim mesmo "sou um adulto", "sou bom nisso", "vou fazer", "vou conseguir", "sou capaz", estou colocando no livro, isto é, no banco de memória que constitui a minha personalidade adulta, uma página em que está escrito: "EU SOU UM ADULTO."

É assim que se constrói uma *autoimagem* de adulto.

Para que a minha autoimagem de adulto tome o lugar da minha autoimagem de criança, é preciso, todavia, que o livro que constitui a minha personalidade adulta contenha mais páginas do que o livro que constitui a minha personalidade infantil.

Ou seja, que o banco de memória que constitui a minha autoimagem adulta seja mais volumoso e potente do que aquele que constitui a minha autoimagem infantil.

Somente assim ela se imporá e substituirá a minha autoimagem infantil.

O que implica que os apelos da minha autoimagem adulta devem ser *frequentes*.

É normal que eu me faça fotografar em roupas e postura de adulto.

E que comece a me sentir adulto.

Sempre cada vez mais.

As minhas experiências de adulto se repetem sempre mais frequentemente.

A minha autoimagem de adulto se reforça sempre cada vez mais.

Até que se torne decididamente a minha autoimagem dominante.

Nesse ponto, a minha autoimagem de adulto coincide com a minha identidade principal.

Eu me tornei um adulto.

A autoimagem de adulto é, portanto, o *êxito* da experiência de adulto e da construção da personalidade adulta.

Podemos dizer que a autoimagem de adulto coincide com a *personalidade de adulto*.

A experiência repetida de comportamento de adulto foi a base da formação da autoimagem de adulto.

Contudo, é evidente que não podemos propor a experiência de adulto como terapia.

Não podemos fazer os nossos rapazinhos (de 35 anos) saltarem de paraquedas numa zona de guerra e passarmos para recolhê-los depois de dois anos.

Era uma brincadeira.

Não os reencontraremos mais.

Por isso, como a memorização do comportamento é inevitavelmente o resultado da experiência, devemos renunciar à memorização do comportamento.

Mas a autoimagem permanece.

A autoimagem é, como já vimos, no processo natural de crescimento, o *resultado* do comportamento.

Mas também é verdade que o *motor* que move a ativação de uma personalidade e que podemos dizer que coincide com aquela personalidade é justamente a autoimagem.

De fato, uma vez construída, a autoimagem se torna o *estímulo* para a ativação do comportamento.

Se então a autoimagem adulta é o resultado que o processo natural de crescimento conduz, e é a condição necessária à ativação da personalidade adulta, a *autoimagem adulta* é o que devemos construir.

E podemos fazê-lo até na ausência de comportamentos específicos de adulto.

Pois a autoimagem é constituída de *imagens visualizadas* de si mesmo.

E essas nós podemos criar.

É verdade, como já vimos, que a autoimagem contém também uma conceitualizacão do comportamento.

Mas não é preciso construir essa conceitualização.

Nós já a possuímos.

A tipologia comportamental do adulto já está registrada na nossa memória.

Todos experimentaram o comportamento adulto *dos outros*.

E assim registraram de algum modo na memória a tipologia do comportamento do adulto.

Por isso, se eu consigo registrar na memória uma autoimagem adulta e a torno tão potente que ela se sobrepõe àquela infantil, eu consigo detonar o processo que me leva também ao comportamento de adulto.

Os meus comportamentos de adulto, produzidos pela minha autoimagem de adulto, se tornarão sempre mais frequentes.

E terminarão se tornando habituais.

E os comportamentos de adulto repetidos reforçarão posteriormente a minha autoimagem adulta.

Até que, um belo dia, me vejo pensando como adulto.

A me sentir adulto.

A me ver como um adulto.

E me tornarei um adulto.

Serei curado da minha neurose infantil.

A *construção da autoimagem adulta* é, portanto, o processo que está na base da psicoterapia evolutiva.

A ela é dedicado o próximo capítulo.

A construção da autoimagem adulta

Como coloquei em evidência com o meu livro intitulado *À procura do carinho perdido*, na evolução natural, a estruturação da personalidade é constituída de processos de *assunção de um modelo, memorização da sua imagem,* a sua *imitação,* o seu *enraizamento* e *identificação com ele*.[77]

O *modelo* é, portanto, central na evolução natural.

Mas o modelo é, no nível do inconsciente — isto é, da memória —, uma *imagem*.

No processo terapêutico, a imagem do modelo deverá tornar-se a *autoimagem* do sujeito.

---

[77] Ver *Alla ricerca delle coccole perdute,* citado, p. 63-78.

Ao processo de evolução natural centrado no *modelo* corresponde o processo terapêutico centrado na *autoimagem*.

A psicoterapia evolutiva tem, portanto, como primeiro objetivo, a construção de uma autoimagem adulta.

a psicoterapia evolutiva tem como primeiro objetivo a construção de uma autoimagem adulta

A sua metodologia fundamental é, portanto, constituída de *um protocolo capaz de construir uma autoimagem adulta*.

Esse protocolo deverá conter um procedimento capaz de ser *repetido*, pois vimos que a construção da autoimagem é o resultado da memorização repetida de imagens.

Assim, o protocolo consistirá num treinamento.[78]

É exatamente um *treinamento para a construção de uma autoimagem adulta* aquele elaborado no âmbito da psicoterapia evolutiva.

Ele é o fruto de cinco anos de experiências.

Hoje atingiu a forma cuja eficácia é testemunhada por centenas de sucessos terapêuticos.

---

[78] O termo "treinamento" indica um processo de aprendizado, intelectual ou comportamental, agindo mediante exercícios repetidos no curso de uma série de sessões. Pode ser *autógeno*, se conduzido pelo próprio, ou *guiado*, se assistido por um especialista.

Eu o denominei *treinamento para o desenvolvimento da personalidade adulta.*

O treinamento para o desenvolvimento da personalidade adulta constitui, assim, a metodologia principal da psicoterapia evolutiva.

a metodologia principal da psicoterapia evolutiva é o treinamento para o desenvolvimento da personalidade adulta

Vejamos em que consiste.

O processo de estruturação da personalidade adulta ocorre fundamentalmente na *memória*, isto é, no inconsciente.

Porque é no inconsciente que ele se constrói.

Mas é necessária a participação da mente consciente.

De fato, a mente consciente atua na introdução dos dados sugestivos, do seu chamamento e da sua manifestação consciente no âmbito do vivenciado.

Assim, a sessão típica da psicoterapia evolutiva é semelhante àquela que, na programação neurolinguística, é chamada impropriamente de *hipnose.*[79]

Consiste na *visualização guiada*, isto é, um sonhar acordado.

---

[79] Ver Laura Cuttica, *L'ipnosi per amare la vita* [A hipnose para amar a vida], Macro Edizione, Cesena, 1999.

o treinamento para o desenvolvimento da personalidade adulta consiste numa visualização guiada, isto é, um sonhar acordado

Tanto o inconsciente quanto o consciente do sujeito estão envolvidos no processo.

No plano comportamental, na natureza, o processo evolutivo acontece *por imitação*.

No entanto, como vimos, desemboca numa autoimagem.

Ele é, de fato, uma *sugestão*.

Ou melhor, uma *autossugestão*.

Esse é o procedimento natural por meio do qual se constitui a personalidade.

Na natureza, a criança *se esforça em imitar* os adultos e termina por *imaginar a si mesma* como um adulto.

Para isso utiliza a imagem de um adulto que ela considera particularmente representativo.

Que não é necessariamente o genitor.

Mesmo que o genitor seja um bom candidato a esse cargo.

Mas deve merecê-lo.[80]

---

[80] E frequentemente não o merece. Foi-se o tempo dos peles-vermelhas e dos pioneiros, nos quais o pai cultivava o hábito de caçador e guerreiro, capaz de obter o alimento e de defender o núcleo familiar. Hoje, na sociedade industrial, a comida e a proteção são forne-

A repetição desse procedimento de imitação e imaginação acaba fazendo-a construir uma autoimagem adulta.

É, com efeito, um processo de *autossugestão*.

É utilizando o mesmo procedimento natural que podemos construir a personalidade adulta para transplantá-la no sujeito portador da personalidade infantil e curá-lo da sua neurose.

Justamente por meio da *autossugestão*.

E é exatamente isso que faz a *psicoterapia evolutiva*.

Constrói uma autoimagem adulta que irá substituir a autoimagem infantil.

Antes de procedermos à descrição do treinamento, devemos esclarecer a dinâmica do *processo sugestivo*.

O processo sugestivo consiste na construção de um "banco de memória" capaz de condicionar as nossas reações e os nossos comportamentos.

E, finalmente, os nossos pensamentos.

Exatamente como vimos no capítulo sobre a personalidade.

Os bancos de memória se constroem com base em dois processos distintos.

---

cidas pela organização social, no interior da qual os pobres pais são apenas observadores de apólices de seguro. Não são grande coisa como modelos.

A *emoção* e a *repetição*.

Nós, de fato, encontramos na consciência, sistematicamente, e às vezes até obsessivamente, os eventos que nos emocionam de modo particularmente incisivo.

Uma vitória, uma derrota, uma conquista, um ferimento.

Mas eles retornam sistematicamente à nossa consciência, até mesmo o que na nossa consciência se apresentou repetidamente.

Alguns objetos, alguns acontecimentos, algumas pessoas que encontramos sistematicamente todos os dias.

Os publicitários sabem muito bem disso.

Que nos bombardeiam da manhã até a noite com os seus comerciais.

Até que entram na nossa mente.

E, quando vamos comprar um creme dental, sem nem mesmo nos darmos conta, compramos aquele cuja publicidade vimos repetidamente.

Trata-se, como já disse, de um *condicionamento*.

Que deriva da autossugestão.

Digo autossugestão, e não sugestão, e basta assim porque o processo sugestivo ocorre substancialmente *dentro de nós*.

No nosso inconsciente.

Até mesmo quando os dados provêm de fora de nós.

Agora, retornando à psicoterapia evolutiva, podemos escolher dois caminhos.

O emocional e o repetitivo.

Mas por que não percorrer os dois?

De modo que se tenha o máximo de eficácia no menor espaço de tempo possível?

O tempo é importante na terapia.

Sobretudo na terapia psicológica, que normalmente dispõe de tempos mais longos do que a terapia médica.

Nada impede, de fato, seguir ambos os caminhos.

O emocional e o repetitivo.

Eles não são incompatíveis entre si.

Até se reforçam mutuamente.

Como na natureza.

No processo natural de crescimento.

Naturalmente que, para seguir o processo do caminho emocional, não podemos cair de martelo na cabeça do sujeito.

Mesmo que a criança que insiste em dominá-lo o mereça.

É suficiente criar-lhe uma sugestão suficientemente *impressionante*.

Que o emocione e assim se imprima na sua memória de forma profunda.

Então isso é que devemos fazer com o treinamento.

E, depois, repetiremos aquela mesma sugestão tantas vezes quantas necessárias para construir aquela imagem adulta com a qual ele mudará a sua vida.

Nisso consiste a psicoterapia evolutiva.

Num treinamento sugestivo que se repete tantas vezes quantas necessárias para a criação da personalidade adulta.

a psicoterapia evolutiva consiste
num treinamento sugestivo
que se repete tantas vezes quantas necessárias
para a criação da personalidade adulta

O processo sugestivo não é exclusivo da terapia evolutiva.

Ele está presente em todas as terapias.

Até na terapia médica.

Mas ela está sempre presente no *processo evolutivo natural*.

As condições ambientais, de fato, realizando o estado próprio de uma personalidade, geram na sua memória uma *autoimagem* correspondendo àquela da personalidade.

E as condições ambientais apresentam realmente aquele caráter emocional e aquele procedimento repetitivo que vimos que está na base do processo sugestivo.

É assim também na psicoterapia evolutiva.

O processo que, na natureza, se realiza por meio das condições ambientais, na psicoterapia evolutiva, é realizado com o treinamento.

Antes de descrever o treinamento da psicoterapia evolutiva, devemos aprofundar o que é o *modelo*.

O modelo

Vimos que, na evolução natural, o *modelo* está no centro da estruturação da personalidade.

O modelo estará, portanto, igualmente no centro do treinamento.

De fato, permitirá construir aquela autoimagem adulta que constitui o objetivo da psicoterapia evolutiva.

O modelo deve ser adequado ao sujeito.

Isso significa que deve necessariamente pertencer ao seu ambiente cultural.

Não faz sentido propor como modelo um caçador de cabeças da Amazônia a um empregado do sistema financeiro de Nova York.

O caçador de cabeças serviria bem a um índio de uma tribo amazônica.

O modelo não somente deve pertencer à mesma cultura do sujeito como também deve ser capaz de impressionar suficientemente o seu inconsciente.
Logo, deve conter em si uma *força* particular.
Deve ser particularmente *sugestivo*.

o modelo deve ser particularmente sugestivo

Isso pode vir da vida real.

Um parente, um conhecido, um vizinho, uma pessoa conhecida numa circunstância particular, podem ser todos candidatos a se tornar o modelo de adulto assumido pelo sujeito.

Se o sujeito lhe atribui a característica de ser um verdadeiro adulto.

Mas o modelo pode ser obtido também no *mundo virtual*.

Isto é, na literatura, no cinema, na televisão.

Pode ser um autor ou um personagem.

Arnold Schwarzenegger.

Sylvester Stallone.

Marilyn Monroe.

Valeria Marini.[81]

---

[81] Valeria Marini é mais um ideal masculino do que feminino. A maior parte das mulheres a odeia, dando a desculpa de que é uma gorducha num mundo onde a beleza, para as mulheres, é caracterizada pela anorexia. Mas é tudo inveja.

O conde de Monte Cristo.[82]
Indiana Jones.
Mata Hari.
Lara Croft.[83]
Há dois personagens que absolutamente não devem ser usados.

O Príncipe Encantado e a Cinderela.

Esses dois, nunca.

A menos que ela assuma como modelo o Príncipe Encantado e ele, Cinderela.

Isso daria lugar a um desenvolvimento interessante da neurose que ainda não tive ocasião de examinar.

Caso contrário, adeus crescimento.

Permaneceria criança toda a vida.

Pois ambos, o Príncipe Encantado e a Cinderela, colocam a sua felicidade nas mãos do outro.

O que é tipicamente infantil.

O modelo pode também coincidir simplesmente com uma *função* ou *atividade* particular.

---

[82] O conde de Monte Cristo é modelo de *redenção*. Privado dos próprios haveres e aprisionado, afirmou: "Voltarei rico e impiedoso." E assim o fez. É adequado a pequenos empregados trapalhões, vítimas de chefes prepotentes e arbitrários.

[83] No meu livro anterior, *Il fascino discreto degli stronzi*, citado, indiquei-o como Laura Croft. Peço desculpas. Foi um ato falho freudiano.

Um fuzileiro naval.
Uma celebridade.
Um piloto.
Uma atriz.
Um caçador.
Uma modista.
Um banqueiro.
Um esquilo.[84]

Ou simplesmente um homem ou uma mulher dotados de características particulares.

Um grande sedutor.
Um homem muito bonito.[85]
Uma mulher esplêndida, sedutora e fascinante.

Ou forte e guerreira, como muitas mulheres hoje gostariam de ser, seguindo a moda do modelo andrógino proposto pelos meios de comunicação.

---

[84] Por que não um esquilo fêmea? Eu curei algumas mulheres com problemas sexuais tomando por imagem um esquilo fêmea. Como funcionou, não faço a menor ideia. Uma coisa é certa: pagavam os honorários sem pestanejar.

[85] Imaginar ser um homem bonito, sendo um homem, é inútil. Primeiro porque as mulheres são bastante inteligentes e não ligam para a beleza de um homem. Se já passaram dos 30 anos, naturalmente. As mulheres. Segundo, porque pode ser uma tentativa desesperada. Aliás, o mesmo argumento serve para as mulheres. O problema é que elas não sabem disso. Mais interessante é o caso no qual quem se imagina ser um homem muito lindo é uma mulher.

Em resumo, todos os modelos que você quiser.

No meu treinamento uso dois receptores dentro dos quais o sujeito pode colocar o que quiser: a *Mulher de Luz* e o *Guerreiro de Luz*.[86]

A falta de definição dessas figuras permite ao sujeito elaborar o modelo segundo o próprio patrimônio cultural, as próprias aspirações, a própria capacidade.

Assim, adaptá-lo a si mesmo.

Derivando da própria cultura.

A princípio, o modelo pode alargar as suas fronteiras, até mesmo além da realidade, sem perder a sua carga terapêutica.[87]

A coisa fundamental é que o modelo represente, no imaginário do sujeito, a *personalidade adulta*.

o modelo deve representar, no imaginário, a personalidade adulta

Uma personalidade adulta capaz daquele controle do território que falta na criança.

---

[86] A coincidência nominal de *Guerreiro de Luz* com *Guerreiro da Luz*, de Paulo Coelho, é apenas casual, e não substancial. O *Guerreiro da Luz* de Paulo Coelho é literário, esotérico, mais correspondente à personalidade de um velho sábio, e não à que se quer incutir num adulto.

[87] Quem nunca imaginou, desde criança, ser o Super-Homem ou a Princesa Sissi? O difícil é decidir entre os dois.

Porque a propensão natural à imitação do modelo é produzida e acelerada pelas próprias convicções de que o modelo seja capaz disso.

Do controle do território.

o modelo deve ter
o controle do território

Frequentemente o neurótico infantil é incapaz de indicar um modelo.

Não obstante a realidade virtual colocar à sua disposição uma grande quantidade de modelos de adultos.

A razão disso é devida ao fato de que ele nunca levou em consideração a ideia de adotar um modelo de adulto para imitar.

E, consequentemente, o excluiu dos seus projetos.

Por um lado, porque, como criança, odeia os adultos.

Que não são de modo algum assistenciais.

Mas que cuidam do seu interesse.

E os chama de "babacas".[88]

E, portanto, evita bastante tê-los como modelo.

Exalta até a personalidade de criança à qual é desoladamente aficionado.

Porque frequentemente é portador da *síndrome de Peter Pan*.

---

[88] Ver o meu livro, *Il fascino discreto degli stronzi*, citado.

O neurótico infantil não quer crescer.

Permanece a criança criativa, afetiva, humana etc.

Não vê a carga de sofrimento destrutivo da qual é dependente.

Por outro lado, porque a sua condição de criança assistida e mimada de uma família (e de uma sociedade) hiperprotetora não lhe dá o incentivo necessário para a emancipação e, dessa forma, a chance de assumir um modelo adulto.

Aliás, e isso constitui um obstáculo frequente ao início da terapia, o neurótico infantil encontra mil desculpas para refutar o modelo de adulto.

Ainda mais radicalmente, por princípio ele recusa a terapia.

Sustenta que está perfeitamente são.

Argumenta que a necessidade de afeto é um sentimento humano e perfeitamente natural.

Ignora que, se essa necessidade não é eventual, mas crônica e absoluta, só é natural nas verdadeiras crianças.

Não nos adultos que se creem e se comportam como crianças.

Isto é, nos neuróticos.

Que são e continuam sendo casos patológicos.

Se o neurótico se apresenta para a terapia, é porque outros exasperados pelo seu comportamento infantil o mandaram.

Ou, talvez, porque a sua neurose se *somatiza*.

Dando lugar a distúrbios funcionais de natureza grave.

Geralmente a lenga-lenga é: clínico geral, neurologista (psicofármacos), psiquiatra (outros psicofármacos), psicólogo (que legalmente não pode tratar), psicoterapeuta (que, antes do advento da psicoterapia evolutiva, não tratava essa síndrome ou até hoje continua a não tratá-la porque ignora a psicoterapia evolutiva), suicídio, mesmo simbólico (dependência toxicológica, isolamento, doenças terminais).

O psicoterapeuta é o último da lista simplesmente porque a sua profissão é pouco conhecida pelo público em geral, especialmente na Itália.[89]

Eu já disse que o modelo deve ser particularmente *sugestivo*.

Mas, para obter a sugestão, é preciso usar o *mistério*.

Quanto menos sabemos de alguma coisa, mais ficamos interessados em conhecê-la.

É disso que se valem as mulheres para conquistar os homens.

---

[89] Nos Estados Unidos, com a difusão da psicanálise, o psicoterapeuta se tornou popular e até virou moda (ver os filmes de Woody Allen). Já na Itália a pouca constância da classe média abastada (a psicanálise dura anos e, assim, é muito custosa) não favoreceu a sua difusão. As terapias sucessivas que substituíram, também nos Estados Unidos, a psicanálise não penetraram no nível popular na Itália por falta, na cultura popular, da própria figura do psicoterapeuta.

E vale também para o nosso modelo.
Quanto mais o modelo é cheio de *mistério*, mais eficaz é no plano da sugestão.
Essa é a razão pela qual assumi como modelos o *Guerreiro de Luz* e a *Mulher de Luz*.
Não são modelos definidos, com abundância de características.
São modelos indefinidos.
E, portanto, *misteriosos*.
Por isso, estão carregados de força, de energia, de poder, de carisma.
Quanto mais o modelo está carregado de força, de energia, de poder, de carisma, mais ele é adequado ao processo de sugestão.
A apresentação do modelo, na terapia sugestiva, é, de fato, endereçada ao *inconsciente*, e não à parte consciente.

o modelo é endereçado ao inconsciente

E o inconsciente trabalha sobre a base *emotiva*, e não sobre a racional.

o inconsciente trabalha sobre a base emotiva

Assim, cria-se uma imagem do modelo tão impressionante que ela penetra na esfera imaginativa e emotiva do sujeito e fixa-se no seu inconsciente com força particular.

De fato, quanto mais a imagem do modelo é *sugerida*, maior será a sua força de incisão no inconsciente.

E o *Guerreiro de Luz* e a *Mulher de Luz* são muito sugestivos.

Justamente por serem indefinidos e, portanto, misteriosos.

Muitos pacientes protestam porque o modelo apresentado por mim no meu treinamento não é *personalizado*.

A criança que existe dentro deles exige um tratamento personalizado porque tem necessidade de se sentir no centro das atenções do terapeuta.

Isto é, da mamãe.

Para ter a *segurança* de que será amamentada.

Mas não é assim que funciona o crescimento até o estado de adulto.

Este passa necessariamente pelo abandono dos genitores.

O objetivo da terapia não é satisfazer provisória e inutilmente o narcisismo da personalidade neurótica infantil.

Mas sim transformar uma pessoa infantil, dominada por medos imaginários, numa pessoa adulta que não tem medo de nada e que é capaz de enfrentar com coragem, com sucesso e com alegria todas as dificuldades da vida.

Na realidade, a segurança da eficácia do processo terapêutico se obtém justamente com o uso de um modelo capaz de operar o receptáculo das projeções fantasmáticas de cada um dos pacientes singulares.

E o *Guerreiro de Luz* e a *Mulher de Luz* servem muito bem a esse objetivo.

Vimos como a autoimagem e o protocolo comportamental relacionados com ele são sedimentados na memória.

Isto é, no inconsciente.

A mudança da personalidade ocorre, portanto, no inconsciente.

a mudança da personalidade ocorre no inconsciente

No nosso caso, trata-se de substituir no inconsciente a autoimagem infantil pela de um adulto, representada por um modelo.

Esse resultado não se obtém mediante uma intervenção no consciente.

Uma terapia baseada no diálogo não tem nenhum efeito nesse caso.

Não é falando com ela que se convence uma criança a se tornar adulta.

Mas fazendo com que ela viva emoções capazes de criar na sua memória uma autoimagem adulta.

É exatamente aquilo que faz o treinamento para o desenvolvimento da personalidade adulta.

O treinamento para o desenvolvimento da personalidade adulta tem demonstrado ser capaz de mudar a autoimagem infantil para a de adulto.

Vamos agora ver em que consiste o treinamento para o desenvolvimento da personalidade adulta.

O treinamento para o desenvolvimento da personalidade adulta

A metodologia principal da psicoterapia evolutiva é constituída pelo *treinamento para o desenvolvimento da personalidade adulta.*

o treinamento para o desenvolvimento da personalidade adulta
constitui a metodologia principal da psicoterapia evolutiva

Isso é feito o mais frequentemente possível, por todo o tempo necessário, para se atingir a cura.

*o treinamento para o desenvolvimento
da personalidade adulta é
feito o mais frequentemente possível, por todo o
tempo necessário, para se atingir a cura*

Ou seja, até o desaparecimento dos sintomas, como ansiedade, depressão, ataques de pânico, insegurança etc.
Ou seja, até o desaparecimento do *medo*.
O tempo médio de aplicação do treinamento é de três meses.
Mas, em alguns casos, um mês é suficiente.
Outros necessitam de seis meses.
O fator determinante é a *idade*.
Quanto mais se avança na idade, prolongando a personalidade infantil, mais ela se reforça e, portanto, torna-se mais difícil superá-la.

*a idade e, portanto, a persistência
da personalidade infantil
são determinantes para a duração da terapia*

O treinamento exige dedicação.

o treinamento para o desenvolvimento da personalidade adulta exige dedicação

O treinamento para o desenvolvimento da personalidade adulta não pode ser feito com o mesmo tempo e a displicência com os quais se praticam as outras terapias.

Não se pode entregá-lo total e exclusivamente ao terapeuta.

Não se pode, como se faz com outras terapias, ir ao terapeuta três vezes por semana e o resto do tempo continuar a agir impunemente como neurótica, deixando para o terapeuta a responsabilidade da cura.

Não se pode esperar que um *deus ex machina* resolva os seus problemas sem nenhum esforço da sua parte.

Essa atitude é *infantil*.

E, sobretudo, irrealizável.

Porque não existe nenhum terapeuta no mundo que possa fazê-la tornar-se adulta.

Há somente uma pessoa que pode fazê-lo.

Você.

Porque é você que deve mudar.

Não o terapeuta.

O terapeuta pode mudar somente no sentido de que pode ser substituído por outro.

O treinamento para o desenvolvimento da personalidade adulta pode verdadeiramente mudar a vida.

o treinamento para o desenvolvimento
da personalidade adulta
pode verdadeiramente mudar a vida

Mas você deve *fazê-lo*.

Você deve aplicar-se a ele com todas as suas forças.

O que está em jogo é a sua vida.

É o que acontece, na natureza, durante o processo de crescimento natural.

A criança fica agitada para se tornar um adulto e não pensa em outra coisa.

Disso depende a sua sobrevivência.

No treinamento para o desenvolvimento da personalidade adulta, você deve dedicar toda a sua atenção, todo o seu interesse, toda a sua energia.

O treinamento para o desenvolvimento da personalidade adulta deve ser colocado no centro da sua vida enquanto durar a terapia.

o treinamento para o desenvolvimento
da personalidade adulta deve ser colocado no centro
da sua vida enquanto durar a terapia

O resultado que você obterá é a *liberação do medo*.

o resultado do treinamento para o desenvolvimento da personalidade adulta é a liberação do medo

O medo, de fato, é a condição natural da criança.

O desenvolvimento da personalidade adulta, que é o resultado concreto do treinamento, resulta na eliminação do estado crônico de medo.

Mas, para obter isso, você deve transformar a sua autoimagem de criança na sua autoimagem de adulta.

A sua autoimagem de adulta deve se tornar um objetivo sempre presente na sua consciência e ao qual a sua consciência tende constantemente.

a sua autoimagem de adulta deve estar sempre presente na sua consciência

A sua autoimagem de adulta deve se tornar para você o que Bin Laden era para a CIA.

Uma obsessão.

Com a diferença de que você deve aceitá-la.

É necessário, todavia, não subestimar a personalidade infantil nem a sua resistência.

O fato de que a personalidade infantil esteja presente sob a forma de *imagem* e *conceito* não deve induzi-la a erro.

Ela é, do ponto de vista psicológico, *real*.
Existe verdadeiramente uma criança dentro de nós.

**existe verdadeiramente uma criança
dentro de nós**

E ela se oporá com todas as suas forças à sua transformação.

**a criança se oporá com todas as suas forças
à sua transformação**

Trata-se de abandonar o domínio dela sobre você e sobre a sua vida.

Logo, trata-se do poder e da sobrevivência dela.

A criança fará de tudo para sobreviver e manter o próprio domínio.

Lutará com unhas e dentes.

Já vi mais de uma vez a personalidade da criança fazer coisas impensáveis para manter o próprio domínio.

Fazendo com que você tenha dúvidas.

Sobre a certeza do diagnóstico de neurose infantil avançada do seu caso.

"Eu não sou uma criança. Sou uma adulta sensível. Apenas sou infeliz."

Sobre a terapia.

"Essa terapia é inútil. Nenhuma terapia pode curar o meu sofrimento."

Sobre o terapeuta.

"Ele quer me manipular."

Sobre a própria necessidade de crescimento.

"Eu não quero crescer. Permanecer um pouco criança é bonito. Os adultos são egoístas insensíveis."

E assim por diante.

Quando você diz isso, pode ocorrer que você entenda que quem fala é a criança dentro de você.

as objeções ao seu crescimento vêm da criança dentro de você

Mas a personalidade da criança faz objeção à terapia sobretudo não a fazendo de modo correto e completo.[90]

A criança fará resistência.

Inventará objeções.

---

[90] Os únicos casos não resolvidos da psicoterapia evolutiva com *o treinamento e o desenvolvimento da personalidade adulta* são aqueles nos quais o sujeito não seguiu correta ou completamente o procedimento terapêutico. Salvo, naturalmente, aqueles nos quais não se chegou nem mesmo a fazer a terapia. Que são, obviamente, a maioria. Neste momento. Mas o dia virá em que o treinamento para o desenvolvimento da personalidade adulta será distribuído pelo SUS. Como a vacina antipólio. Aliás, isso já estava presente em todas as sociedades até há poucas gerações. Chamavam-no de *iniciação*.

Mesmo que não nasçam de uma base emotiva, pois é o medo da perda do domínio que as produzem, suas objeções se movem no plano *racional*.

"Por que devo mudar? Estou bem assim."
"Ser um pouco criança é bonito."
"As crianças são delicadas."
"As crianças são espontâneas."
"As crianças são sinceras."
"Os adultos são uns babacas."
E assim por diante.
E devem ser superadas, portanto, *no plano racional*.

as objeções da criança devem ser superadas no plano racional

É preciso dizer-lhe que
"As crianças são uma praga.
Porque sempre precisam dos outros.
E são infelizes.
Porque querem sempre o que não existe.
Os adultos são felizes.
Porque se bastam a si mesmos.
E, portanto, estão satisfeitos consigo mesmos.
E aceitam o que existe.
E desfrutam a vida."

É a parte mais integralmente *cognitiva* da terapia evolutiva.

Deve-se chegar a compreender que o sofrimento deriva da personalidade infantil.

Que a personalidade infantil é exatamente a causa do sofrimento.

a personalidade infantil é a causa do sofrimento

E deve-se reagir e lutar contra essa personalidade involutiva.

Precisa falar com a criança dentro de nós.

E convidá-la a ficar de lado.

Não suicidar-se.

Mas ficar de lado.

Até mesmo com força, se necessário.

Certa raiva contra a nossa parte infantil que tanto nos arruína a vida é admissível e frequentemente se mostra eficaz na psicoterapia evolutiva.

certa raiva contra a nossa parte infantil
que tanto nos arruína a vida
é admissível e frequentemente se mostra eficaz
na psicoterapia evolutiva

A doçura inicial pode, de fato, ser substituída por uma certa veemência de todo justificada, sobretudo emotivamente, uma vez avançando na terapia.

E ela deve ser expressa por meio do *diálogo interno*.[91]

O diálogo interno é uma parte importante da psicoterapia evolutiva.

o diálogo interno é uma parte importante da psicoterapia evolutiva

Falar com a criança que existe dentro de você é um expediente terapêutico de muita eficácia.

Para superar a sua personalidade infantil, você deve convencer a criança que está dentro de você a ficar de lado e a deixar você viver a sua vida de adulta.

você deve convencer a criança que está dentro de você a ficar de lado e a deixar você viver a sua vida de adulta

Serão os mesmos resultados, depois, que liquidarão definitivamente a resistência da personalidade infantil.

A atenuação de sintomas graves, como medo, ataques de pânico, ansiedade, depressão, a convencerá de que essa terapia é eficaz.

Há somente um inconveniente no treinamento para o desenvolvimento da personalidade adulta.

---

[91] Essa técnica é muito usada na *psicoterapia gestáltica*, mas também na *psicossíntese*.

Que, na verdade, não é um inconveniente, mas um golpe de sorte.

Finalmente você vai deixar os seus genitores.

Com os quais você viveu muito provavelmente até esse momento.[92]

Isto é, vai fazer aquilo que você deveria ter feito aos 16 anos.

---

[92] A permanência com os genitores até idade avançada (como já vimos, a média na Itália é de 34 anos, mas muitas vezes superior) é quase sempre a causa da neurose infantil; portanto, na quase totalidade dos casos, essa permanência protelada é encontrada nas pessoas portadoras dessa neurose. Constitui, assim, um fator importante para o *diagnóstico*.

A visualização guiada

O treinamento para o desenvolvimento da personalidade adulta é constituído de duas partes.
A *visualização guiada* e os *reforços*.
Comecemos examinando a visualização guiada.
Para convencer o inconsciente a abandonar a personalidade infantil e assumir a personalidade adulta é necessário vivenciar uma *representação* desse processo.
É o que ocorre na natureza.
A criança sonha em se tornar adulta.
Imagina situações nas quais ela domina o território.
No âmbito terapêutico, isso se concretiza na *visualização guiada*.[93]

---

[93] A visualização guiada é praticada no âmbito de diversos métodos psicoterapêuticos, primeiro de tudo a *psicossíntese*, mas também a

Trata-se de um *procedimento autossugestivo*.

O consciente e o inconsciente são ambos atuantes neste processo.

Portanto, o inconsciente deve estar excepcionalmente aberto aos estímulos externos.

Isso sucede num estado de relaxamento e inércia.

Em psicoterapia, esse estado é chamado de *transe*.

Não se trata de hipnose, embora, às vezes, com relação à visualização guiada, esse termo seja usado incorretamente.

A hipnose verdadeira envolve um estado de *sono*; e, portanto, de inconsciência.

Em vez disso, a visualização guiada deve ser feita num estado de transe consciente.

a visualização guiada é feita num estado de transe consciente

A participação do consciente é necessária para os sucessivos apelos e reforços da sugestão.

Portanto, é preciso ficar acordado.

Alguns pacientes adormecem durante o treinamento.

---

programação neurolinguística. Para uma visão panorâmica do assunto, ver Bruno Caldironi — Claudio Widmann, *Visualizzazione guidate in psicoterapia* [Visualização guiada em psicoterapia], Piovan, Abano Terme, 1980.

O que ocorre porque são portadores de forte *tensão*.
Ela se traduz, como é sabido, por contrações musculares.
É assim no trabalho.
Eles, portanto, estão em constante débito energético.
Obtido o relaxamento muscular no início do treinamento, entram automaticamente em estado de recuperação energética.
Isto é, no sono.
O registro da visualização guiada no inconsciente, isto é, na memória, ocorre também na condição de sono.
Portanto, vale a pena continuar a sessão.
Mas a presença consciente do paciente na visualização é necessária para a elaboração fora da sessão terapêutica das vivências visualizadas e para as ajudas.
Logo, procura-se manter a condição de vigília durante a visualização.
Às vezes isso requer algum tempo.
Mas chega mais cedo ou mais tarde.
De fato, a fase de sono consequente ao relaxamento reduz progressivamente o débito energético e a longo prazo o anula.
Uma vez alcançada a condição de presença consciente durante a visualização, esta pode começar a manifestar completamente a sua eficácia.
A visualização guiada deve ser vivenciada numa atmosfera psicológica carismática e sugestiva, mas ao mesmo tempo extremamente tranquilizadora.

Deve se tornar o lugar onde você se refugia das frustrações cotidianas.

Onde você encontra a energia e a força para enfrentá-las.

A sessão deve se iniciar pelo *relaxamento*.

Para depois se chegar a um estado de *transe* superficial.

Ou seja, de relaxamento físico e de sonolência.

A técnica budista de concentração e respiração é ótima para esse objetivo.

A concentração na respiração permite limpar a mente e, portanto, entrar no estado de transe.

Ela consiste simplesmente em fazer oito respirações profundas até acalmar a respiração.

Se necessário, o procedimento será repetido.

Assim se penetra o próprio inconsciente, permanecendo consciente.

Diversos métodos podem ser usados.

A descida de uma escada sinuosamente, como se fosse um verme.

Imaginária, naturalmente.

Já foi provado que subir e descer uma escada de verdade como um verme não funciona.

Afundar no oceano.

Contudo, se você não sabe nadar ou tem medo da água, é desaconselhado.

Flutuar no espaço.

Observar uma espiral que roda.

Ou um relógio de bolso que oscila como um pêndulo.[94]

Todavia, eu já concluí que todos esses métodos não dão resultados melhores do que o simples convite a penetrar o próprio inconsciente.

Porque o inconsciente, se chamado, se move sozinho.

Não me perguntem como isso acontece.

Como acontece que uma parte do cérebro (o inconsciente) venha para o primeiro plano se chamado pela outra parte (o consciente)?

Não sei.

Mas, pela minha experiência, funciona.

E, como dizem os americanos, tudo que funciona é real.

O importante é ter a intenção de entrar no próprio inconsciente.

O resto vem sozinho.

---

[94] Esse uso original de um relógio de bolso (não previsto pelos seus inventores) era muito difundido, segundo a cinematografia hollywoodiana, com os psicanalistas americanos dos anos 1940 e 1950 (ver, por exemplo, o filme *Freud, além da alma*, de 1962). Segundo eles, para induzir a hipnose. Mas não é verdade. A psicanálise não fazia uso da hipnose. "Segundo Freud, a psicanálise propriamente dita teve início no dia em que ele decidiu renunciar à hipnose" (http://ipnosi.interfree.it/freud.htm).

A visualização guiada deve acontecer numa atmosfera *sagrada* e *mágica*.[95]

a visualização guiada deve acontecer numa atmosfera sagrada *e* mágica

A visualização guiada, de fato, não faz outra coisa senão reproduzir, em termos científicos, a cerimônia de *iniciação* presente em todas as culturas.[96]

a visualização guiada reproduz a cerimônia de iniciação *presente em todas as culturas*

Com ela o adolescente abandona oficialmente a personalidade infantil e assume perante a sociedade a personalidade adulta.

---

[95] A eficácia de uma atmosfera sagrada e mágica na terapia foi colocada em relevo na programação neurolinguística por Bandler e Grinder: ver *La struttura della magia* [A estrutura da magia], tradução italiana, Astrolabio, Roma, 1981.

[96] "A iniciação é um complexo de ritos de natureza social e religiosa, típicos das sociedades pré-tecnológicas, por meio dos quais as tribos, na pessoa dos seus anciões e mediante suas propostas, realiza o ingresso dos adolescentes na vida completa do grupo, conferindo-lhes todos os deveres. A origem dos ritos de iniciação tem suas raízes na Pré-história, ligados aos ritos religiosos e de costumes das primeiras organizações humanas" (http://it.wikipedia.org/wiki/Iniziazione).

Hoje essa importante cerimônia foi abandonada ou reduzida a um ato formal privado dos seus valores originais.

É assim com a primeira comunhão na população cristã.

E para a circuncisão nas populações judaicas e islâmicas.

Elas se tornaram apenas ritos formais.

Com elas o menino ou a menina permanecem como eram.

Isto é, cretinos e ignorantes.

A cerimônia de iniciação era sempre acompanhada de música.

Também com a visualização guiada é útil que haja *música*.

na visualização guiada é útil que haja música

A psicoterapia evolutiva não é uma musicoterapia, mas utiliza a música, juntamente com a voz do terapeuta, como meio de sugestão.

O que se quer realizar, de fato, é um processo de *sensibilização do inconsciente*.

Com o objetivo de memorizar grandes depósitos emotivos.

De modo semelhante ao que ocorre numa cerimônia sagrada de grande intensidade.

E é próprio de uma cerimônia sagrada o clima psicológico que se deve instaurar na visualização guiada.

A música será, portanto, uma música *exótica* e *sugestiva*.

Os cantos gregorianos são ótimos para essa função.

Pois é o mistério que cria a sacralidade e a magia.

E, nos cantos gregorianos, justamente por serem em latim, não se entende nada. É a mesma razão pela qual a missa latina era mais eficaz.

Mas também servem os cantos budistas tibetanos ou os bahajans hindus.

O importante é mergulhar no próprio inconsciente.

Sempre com mais profundidade.

Eu o faço imaginar o inconsciente como uma grande caverna situada nas vísceras da Terra.

No inconsciente se encontram as verdadeiras personalidades naturais.

A criança, o adulto, o genitor.

Cada uma delas deve ser um ambiente próprio, um mundo próprio.

Isso porque cada uma deve se apresentar como uma personalidade completa e real.

Faço encontrar na caverna três galerias.

A galeria da direita conduz à personalidade do genitor.

A do centro à personalidade do adulto.

A da esquerda à personalidade da criança.

O genitor vive na parte superior de uma altíssima montanha coberta de neve.

Um lugar isolado do mundo e ao mesmo tempo em comunicação com todo o universo. Como um mosteiro tibetano.

O que significa que o genitor é imune a qualquer ofensa do mundo, mas ao mesmo tempo capaz de oferecer o próprio amor ao mundo inteiro.

O adulto vive num deserto.

O deserto do futuro no qual tudo é possível e no qual todas as coisas ainda devem começar.

O deserto representa o lugar onde o passado é zerado e onde o futuro se abre à transformação.

A criança vive num lindo jardim povoado por crianças felizes nos braços das suas mamães e onde se ouve uma música suave e muito agradável.

Ele ou ela, a menina, estão, todavia, sós e choram aflitos.

Eis a verdadeira personalidade dominante!

Um menino ou uma menina abandonada.

Sem a mãe.

Portanto, cheio de medo.

É preciso liberar-se desse menino ou dessa menina para se tornar adulto.

Vejamos então, de perto, essa personalidade da criança que vive dentro de nós.

A criança dentro de nós

Você se perguntará: que fim levou a criança dentro de mim uma vez transformada em adulto?

Se eu me torno um adulto, para onde vai a criança?

Devo expulsá-la de mim?

Devo matá-la?

Devo apagá-la da superfície do universo?

Obviamente, nada disso.

Como eu já disse, da memória nada pode ser apagado.

Pode apenas ser superado por alguma coisa mais potente, capaz de se reproduzir e de se impor à consciência.

O que ocorre é a construção de um banco de memória relativo à personalidade adulta *maior* do que aquele relacionado à personalidade infantil.

Como já vimos.

Uma questão *quantitativa*.

O número de páginas, isto é, o número de dados que formam o banco de memória da personalidade adulta deve ser maior do que o número de dados que formam o banco de memória da personalidade infantil.

Somente assim a personalidade adulta poderá se impor e substituir a personalidade infantil.

Quantos são os dados que construíram, reforçaram e enraizaram a sua personalidade infantil?

Quantas vezes você se disse "eu sou uma criança", "não sou capaz", "não consigo" e "tenho medo"?

Basta contar os anos durante os quais a sua personalidade infantil tem dominado a sua vida.

E durante todos esses anos ela se *reforçou*.

Em quanto tempo ela pode ser superada e descartada?

No ritmo natural, leva anos.

É por isso que a psicoterapia evolutiva é *necessária*.

Ela acelera o processo de superação da personalidade infantil intensificando no tempo os dados capazes de construir a personalidade adulta.

Comprimindo em poucos meses aqueles *inputs* que, fora de uma situação terapêutica, sendo muito distantes um do outro, levariam muitos anos para se acumular na memória.[97]

---

[97] Outra característica da memorização (reprodutibilidade) do *input* é que ela mais se reforça quanto menos seja o tempo intercorrente entre os mesmos. Seria possível estabelecer a seguinte equação:

No entanto, para muitos pacientes, mesmo alguns meses de terapia são demais.

Como todas as crianças, querem tudo imediatamente.

Mas querer nem sempre é poder.

É preciso assumir de imediato um comportamento adulto e perseguir o objetivo com determinação, paciência e constância.

> *é preciso assumir de imediato um*
> *comportamento adulto*
> *e perseguir o objetivo com determinação,*
> *paciência e constância*

A transformação de criança em adulto demanda tempo.

Na natureza, demanda anos.

Comprimi-la em poucos meses já é um grande lucro.

Trata-se de um processo complexo.

Trata-se de abandonar a própria personalidade infantil e assumir uma personalidade adulta.

A personalidade infantil, entretanto, não somente não pode ser eliminada como também não deve ser eliminada.

Ela é necessária para sobreviver, assim como a personalidade adulta.

$M = E \times F \times D$. A memorização (M), entendida como capacidade de reprodução, é diretamente proporcional à força emotiva da representação (E), à sua frequência (F) e à duração da sua recorrência (D).

Somente é usada em situações específicas.

Não é usada quando alguém deve se comportar como adulto.

Nem quando deve se comportar como genitor.

A neurose consiste exatamente em se comportar de modo inadequado à situação.

**a neurose consiste em se comportar
de modo inadequado à situação**

É um caso de *incapacidade de adaptação ambiental*.

Às vezes é preciso se comportar como uma criança.

E, quando a situação exige, *ser humilde*.

E então pedir desculpas.

Pedir ajuda.

Ignorar a ofensa.

Isso talvez possa salvar a sua vida.[98]

Ou fazer com que obtenha uma grande vantagem.[99]

E, além disso, tentar eliminar a criança é perigoso.

---

[98] Se soubessem quantos reagiram a um assalto à mão armada e foram mortos!

[99] Henrique IV (1050-1106), imperador do Sacro Império Romano, excomungado em 1076 pelo papa Gregório VII, passou três dias vestido de penitente diante da entrada do castelo de Matilde, senhora de Canossa, onde se hospedava o papa, esperando o perdão e a revogação da excomunhão. E assim os obteve. No ano de 1080, Henrique anulou a autoridade de Gregório e nomeou o antipapa Clemente III, levando-o

A criança, de fato, é muito cruel.
Se menino, não somente tem um bilau pequeno.
O dele.
Mas também é muito vingativo.
E defende com unhas e dentes o próprio poder.
Se você tenta expulsá-la com força, ela persegue você até de noite com os fantasmas que leva consigo.
Ela luta pela sobrevivência.
Ou melhor, pelo *domínio*.
Ela dominou a sua vida por tantos anos que não tem a menor intenção de renunciar agora.
Logo, não se pode expulsá-la.
Você deve *convencê-la* a sair sozinha.
A ficar ao lado.
E não com maldade.
Pelo menos no início.
Com coisas boas.
Senão ela se zanga.
Deve ser ela mesma a decidir ficar ao lado.
E, para isso ser feito, ela própria deve se interessar em fazê-lo.
É a história de sempre.
É preciso conhecer as fraquezas do outro e utilizá-las para a sua própria vantagem.

---

a ocupar Roma em 1084. Isso demonstra como a humildade, usada oportunamente, é uma arma muito eficiente.

Disse-o até Maquiavel.[100]
Naturalmente os chineses já haviam dito.[101]
E qual é a grande fraqueza da criança?
O medo de ficar só.
O medo de enfrentar sozinha o mundo hostil.
O medo de não ter proteção.
E quem protege a criança?
Quem a acalenta?
Quem a alimenta?
Os genitores, naturalmente.
Aliás, mais precisamente, a *mãe*.[102]

---

[100] Ver *Il principe* [O príncipe], 6ª edição, Difel, Rio de Janeiro, 2011.
[101] Ver *L'arte della guerra* [A arte da guerra], um tratado de estratégia militar atribuído ao general Sun Tzu (século V a.C.). Qualquer coisa que se tente fazer os chineses já fizeram. Estou certo de que, quando chegarmos a Marte, encontraremos um chinês vendendo plantinhas locais. Copiadas das originais marcianas, naturalmente.
[102] Isso, segundo a opinião das mulheres de hoje, é a eterna e fatal maldição das mulheres. Segundo elas, depois do deplorável episódio da maçã, o Senhor não apenas as amaldiçoou a parir com dor. Também condenou-as a amamentar e a criar a prole! (No início provavelmente não o faziam. Mesmo porque não tinham prole. Não há sombra de crianças no paraíso terrestre.) E a coisa mais desoladora é que essa danação foi estendida a todos os mamíferos. Alguém já viu um gato macho amamentar as crias ou somente ficar observando o aleitamento e o crescimento dos pobres gatinhos? Depois de levar a gata para a

Vejamos de perto a personalidade da mãe na nossa visualização guiada.

---

cama, ele foge como um ladrão de noite. Exatamente como fazem os homens. Mas por que, então, tantas mulheres solitárias têm um gato em casa? Talvez para se vingar?

A Grande Mãe

Não é necessário ter um modelo realístico da mãe.
Mas ele nunca coincidirá com o da nossa mãe verdadeira.[103]
É suficiente ter um *conceito idealizado* da mãe.
No conceito idealizado da mãe, ela é toda a bondade, a piedade, a tolerância e o amor de todas as mães do mundo.

---

[103] Quando é que se viu uma mãe cheia de amor, acolhedora, afetuosa e protetora? Eu sempre ouvi falar de mãe desalmada, ausente e displicente. É verdade que talvez o fato de ser um psicoterapeuta seja a causa dessa visão pessimista do mundo. Se eu fosse um bombeiro hidráulico, provavelmente teria ouvido falar de mães que traem o marido com a desculpa de consertar as torneiras do banheiro. Mas, uma vez que esse discurso é feito por gente que sofre, e gente que sofre sempre teve uma mãe desalmada; no final, as contas se ajustam.

A mãe é um *símbolo*.

Um *arquétipo*.[104]

A mãe da nossa visualização deve ser, portanto, uma mãe simbólica e arquetípica.

Deve atingir o inconsciente coletivo que existe na memória de cada um de nós.

Essa é precisamente a parte da psicoterapia evolutiva que se compara à *psicologia analítica* de Jung.

A mãe da visualização guiada deve, portanto, ser a *Grande Mãe*.

A *Grande Mãe* tem em si toda a bondade, piedade, tolerância e amor de todas as mães da história da humanidade.

Todavia, a mãe que aparece na visualização guiada é também *a mesma personalidade parental que está dentro de nós*.

a Grande Mãe *é* a mesma personalidade parental que está dentro de nós

Como a personalidade adulta, nós temos de fato registrada na nossa memória a tipologia do comportamento dos nossos pais.

---

[104] Ver Carl G. Jung, *Gli archetipi dell'inconscio collettivo* [Os arquétipos do inconsciente coletivo], tradução italiana, Boringhieri, Turim, 1982.

E é justamente essa que devemos usar para proteger a criança que existe em nós.

A fim de convencê-la a renunciar ao seu domínio sobre a nossa vida.

A primeira galeria em que entramos é aquela da direita que conduz à nossa personalidade de genitores.

E dali chegamos ao ápice da montanha nevada, onde encontramos a *Grande Mãe*.

A *Grande Mãe* em pessoa nos acompanha a encontrar a criança no jardim encantado.

A *Grande Mãe* em pessoa encontrará a criança chorando e a acolherá no seu seio.

E lhe falará docemente.

"Minha criança pequenina, doravante você não deverá mais ter medo. Eu não a abandonarei nunca mais. Você ficará sempre aqui nos meus braços e eu cuidarei de você. O meu amor por você durará para sempre."

Eis aí o que deve ouvir a criança que está dentro de você.

O que ninguém nunca lhe disse.

Que a peste atinja alguém que jamais lhe disse isso.

E é isso que ela quer fazer.

Ficar para sempre nos braços da *Grande Mãe*.

Ser consolada para sempre de todas as frustrações.

Ficar protegida para sempre dos perigos do mundo e da vida.

Ter finalmente aquele amor que desejou por toda a vida sem jamais obter.

Sair daquela solidão que sempre a apavorou.

Isso curará para sempre a criança da sua dor e do seu medo.

Isso convencerá a criança a abandonar o campo e a ficar apartada.

Refugiando-se nos braços da *Grande Mãe*.

A criança e a mãe devem permanecer unidas num abraço sem-fim.

a criança e a Grande Mãe *devem permanecer unidas num abraço sem-fim*

Esta passagem é importante, pois aquilo que impede a superação da personalidade infantil é justamente a falta, ou a ausência, de segurança no amor e, portanto, da proteção do genitor.

Não tem importância se o genitor é um produto da fantasia.

Porque o inconsciente não faz distinção entre a realidade e a fantasia.

*o inconsciente não faz distinção entre
a realidade e a fantasia*

De fato, como já repetido, o inconsciente não é outra coisa senão a *memória*, e na memória é registrado tudo que passa pelo consciente.

Assim, para o inconsciente, o genitor imaginário é tão eficaz quanto um genitor real.[105]

*um genitor imaginário é tão eficaz
quanto um genitor real*

Tudo que a criança quer é ter um genitor à sua disposição vinte e quatro horas por dia.

*tudo que a criança quer é ter um genitor
à sua disposição vinte e quatro horas por dia*

Para ela não tem a menor importância qual é o tipo do seu genitor.

---

[105] Tratei de uma senhora portadora de distúrbio de afetividade por causa de uma mãe que jamais lhe fez uma carícia ou um reconhecimento positivo. Curei-a fazendo um transplante de memória. Fiz com que ela imaginasse ter tido uma mãe afetuosa, cheia de amor, e a fiz fantasiar uma infância feliz. Após um número congruente de sessões, ela ficou completamente curada e me confessou que não sabia mais quem era a sua mãe verdadeira, se a boa ou a má. "Aquela boa", disse-lhe. E ela se convenceu. Graças a Deus que a mãe verdadeira, aquela má, já havia morrido.

Desde que esteja à sua disposição vinte e quatro horas por dia.[106]

Naturalmente, isso é verdade mesmo se a criança é uma menina.

Aliás, sobretudo, se a criança é uma menina.[107]

E é exatamente o que se obtém com a visualização guiada.

O fato de colocar juntas na visualização guiada a criança e a mãe num abraço sem-fim cria, no nível do inconsciente, uma *sugestão muito potente*.

Trata-se, assim, de convencer a personalidade infantil de ter doravante e para sempre um genitor à sua disposição.

Aliás, o melhor dos genitores.

Uma mãe.

Aliás, a maior das mães.

A *Grande Mãe*.[108]

---

[106] Foi realizada uma experiência com macacos. A mãe foi substituída por um manequim, à sua completa disposição. Os macacos demonstraram estar perfeitamente satisfeitos (ver Harry F. Harlow, *The Nature of Love* [A natureza do amor], 1958. Disponível na Internet: http://psychclassics.yorkcu.ca/Harlow/love.htm).

[107] Aquela frase, na minha opinião, não tem o menor significado. Mas deixa pra lá. Confio que vocês se sentirão gratificadas. Mesmo se tudo sair ao contrário. O importante é estar no centro das atenções. Isso é desgraçadamente *infantil*.

[108] Como Nossa Senhora. O culto mariano é a essência do cristianismo. Jesus transformou a religião de um deus vingador na religião de um deus misericordioso. Que é a manifestação do amor materno.

À sua disposição vinte e quatro horas por dia.

Isso permite acalmar e, finalmente, eliminar o medo que está na base da personalidade infantil.

O procedimento da reunião da criança com a mãe deve *preceder* o encontro com o adulto.

Porque, antes de encontrar a personalidade do adulto, a personalidade da criança e a do genitor são apagadas e colocadas à parte.

Elas deverão ser visualizadas ou conceitualizadas num local tranquilo, numa condição de perfeita harmonia e segurança.

A fim de poderem ficar tranquila e satisfatoriamente postas à parte.

a criança e a mãe devem ser apagadas e colocadas à parte

Um jardim encantado, como aquele da minha visualização, será ótimo.

A presença de outras crianças e de outras mães as faz sentir em comunicação com toda a humanidade.

Elas podem voltar a qualquer momento.

Não são recusadas nem eliminadas, mas simplesmente colocadas à parte pelo momento.

Permanecem à disposição.

*a criança e a mãe devem estar à disposição
para poderem ser retomadas a qualquer momento*

Agora é preciso encontrar a *personalidade adulta*.
A *Mulher de Luz* e o *Guerreiro de Luz*.
As figuras centrais da visualização guiada.
Nós as veremos no próximo capítulo.

A Mulher de Luz e o Guerreiro de Luz

A figura central do treinamento é obviamente a do adulto.

Porque é aquela com a qual é preciso se identificar.

Logo, deve ser a personalidade final com a qual se encontra na visualização guiada.

É preciso aventurar-se no deserto e procurar essa figura.

Até que essa mesma figura apareça e venha encontrar você.

É o mesmo inconsciente que a cria.

Pode ser um modelo definido.

Já criado conceitualmente fora da sessão.

Ou mesmo um modelo indefinido como aquele que uso no meu treinamento.

A *Mulher de Luz* ou o *Guerreiro de Luz*.

O problema é como criar a *transformação*.
De criança em adulto.
De menina em *Mulher de Luz*.
De menino em *Guerreiro de Luz*.
Trata-se de trocar a sua identidade da personalidade da criança pela do adulto.
Na visualização, a *Mulher de Luz* e o *Guerreiro de Luz* devem entrar no seu corpo.
Você também deve entrar no corpo da *Mulher de Luz* ou do *Guerreiro de Luz*.
Deve operar-se uma *copenetração recíproca*.

é preciso que se opere uma copenetração recíproca entre você e a Mulher de Luz, entre você e o Guerreiro de Luz

O corpo simboliza o Eu.[109]
A copenetração do seu corpo no corpo da *Mulher de Luz* ou do *Guerreiro de Luz* simboliza a assunção da personalidade deles.
A personalidade adulta.
A sua *transformação*.

---

[109] Diga-se entre parênteses (para quem não quiser ouvi-lo abertamente): o *corpo* é o Eu. Nós somos o nosso corpo. Basta dar-se uma martelada na testa para se convencer. Mas sempre há alguém que o nega perversamente. Salvo chamar correndo o médico quando passa mal.

É importante que a *Mulher de Luz* ou o *Guerreiro de Luz* abra e alongue os braços diante de você, tome as suas mãos e as introduza no próprio corpo.

É também importante que você abra os braços diante de si, tome as mãos da *Mulher de Luz* ou do *Guerreiro de Luz* e as introduza no seu corpo.[110]

---

[110] Essa é a técnica da *programação neurolinguística*. Foi chamada por Bandler e Grinder de "desarraigamento visível": "No caso de personalidades múltiplas pode ser usado o que chamamos de 'desarraigamento visível'. O desarraigamento visível é um método visual para integrar as várias partes recorrendo a uma âncora visível. Estendem-se os braços e vê-se como se fosse uma parte na esquerda e outra na direita, e então se olham e se escutam essas duas partes. Depois lentamente se aproximam as duas imagens e se observam enquanto se copenetram reciprocamente, e então se avalia a diferença entre as duas imagens originais e a imagem resultante. Se o resultado é agradável, então se repete a ação, desta vez cinestesicamente, arrancando juntamente as duas imagens com as mãos. Então traz-se para si a imagem integrada e a faz entrar no próprio corpo. Pessoalmente não entendo a função dos braços quando se emprega a técnica do desarraigamento visível, mas, se não se usam os braços, a coisa não funciona. E não tenho a *mínima* ideia por quê. Experimentei por todos os modos; se a pessoa não estende os braços diante de si, dessa maneira, e não puxa as duas imagens, a coisa não funciona"(Richard Bandler e John Grinder, *La metamorfosi terapeutica* [A metamorfose terapêutica], citado, p. 156-157).

> *é preciso abrir os braços,*
> *tomar as mãos da* Mulher de Luz
> *ou do* Guerreiro de Luz
> *e atraí-los para si*
> *para operar a copenetração recíproca*

Depois de um número de repetições da visualização guiada, o que dependerá da força e da resistência da sua personalidade infantil, o seu inconsciente terminará assumindo a personalidade adulta como *a sua identidade principal*.

Durante a visualização guiada serão esclarecidos quais são os *poderes* que você desenvolverá para realizar a sua personalidade adulta.

Vimos, no meu livro *À procura do carinho perdido*,[111] que os *aspectos positivos* do adulto são *a autoestima, o controle do território, a liberdade, a independência, a socialização, a procura da fruição do prazer*.[112]

Tudo isso se sintetiza em três "poderes": *autoestima, independência, alegria de viver.*

---

[111] Ver p. 30-38.
[112] Um sintoma frequente da neurose infantil é a perda da capacidade de gozar dos prazeres cotidianos. Isso deriva, em parte, do estado de *ansiedade permanente* no qual o neurótico infantil vive (em virtude da sua incapacidade de dominar o ambiente), em parte do seu componente *depressivo* sempre presente na neurose infantil.

o adulto tem três poderes:
autoestima, independência, alegria de viver

O sucesso, isto é, o *controle do território* é uma consequência desses três poderes.

Eles serão, então, os poderes que você desenvolverá ao realizar a sua personalidade adulta.

E devem ser solenemente enunciados no curso da visualização guiada.

Por exemplo:

Eu tenho os três poderes de adulto:
a confiança absoluta em mim mesmo,
a independência total dos outros,
a alegria de viver.

Ou, no meu treinamento:

Eu tenho os três poderes da Mulher de Luz*:*
a confiança absoluta em mim mesma,
a independência total dos outros,
a alegria de viver.

Eu tenho os três poderes do Guerreiro de Luz*:*
a confiança absoluta em mim mesmo,
a independência total dos outros,
a alegria de viver.

É o *mantra da transformação*.
A transformação da criança em adulto.
Do menino em *Guerreiro de Luz*.
Da menina em *Mulher de Luz*.

O mantra com o qual a criança se transforma em adulto, assumindo os poderes.

Essa enunciação é solenemente repetida no curso da visualização guiada.

E a propósito da visualização guiada, vejamos agora um pequeno problema.

Visualização e conceitualização

Algumas pessoas se lamentam por não saberem *visualizar*.
Isto é, criar *imagens* na própria mente.
Naturalmente isso não é verdade.
Todas são capazes de visualizar.
Como todas são capazes de sonhar.
E o sonho não é outra coisa senão uma *visualização*.
Até os cachorros sabem fazê-lo.
Rocco, o meu cachorro, quando dormia, corria como se estivesse caçando e dando grandes trepadas que ele, coitado, acordado nunca fez.
Mas elas insistem que são incapazes de visualizar.
A verdade é que são incapazes de visualizar em pé.
Ou mesmo estando deitadas.

Que é a posição habitual na qual se faz o treinamento.
É certo que precisam de tempo para visualizar.
Devem criar uma imagem adequada ao seu caso.
Uma imagem de menino ou de menina.
Uma imagem da *Grande Mãe*.
Uma imagem da *Mulher de Luz* ou do *Guerreiro de Luz*.
Tome o tempo que quiser.
Se mesmo assim não consegue visualizar, pelo menos tente conceitualizar.
O importante, de fato, é se *conceitualizar*.

o importante é conceitualizar

Porque o treinamento funciona mesmo se alguém se conceitualiza em vez de se visualizar.

o treinamento funciona mesmo se alguém se conceitualiza em vez de visualizar

A visualização é também uma conceitualização.
Alguém me perguntou: "Mas o que significa conceitualizar?"
É um sinal evidente de que a escola se tornou uma instituição inútil.

Que não ensina nem mesmo a se falar a própria língua.
O que quer dizer conceitualização?
Ora, bolas!
Quer dizer *pensar*, não é mesmo?
Você é capaz de pensar?
Você é capaz de pensar num cachorro?
Ou no seu pai?[113]
Entendeu?
Isso é conceitualizar.
Você é capaz de pensar numa *Grande Mãe*?
Não importa que não consiga imaginá-la.
Sabe o que significa a palavra "mãe"?
Aquela que amamenta você.
Que prepara a sua papinha.
Que esquenta a sua mamadeira.
Que muda as suas fraldas.
Que consola quando você está nervosa.
Que canta uma cantiga de ninar quando você não consegue dormir.
É isso aí, aquela.
E "grande", sabe o que significa?
No sentido ideal e não material, naturalmente.
Não grande como um estádio de futebol ou um Boeing 747.

---

[113] A menção é puramente casual.

Grande como Napoleão, como Gandhi, como Jesus.

No sentido moral.

Não peço a você para imaginar uma mãe de vinte metros de altura, com tetas de duzentos quilos e dois metros de bunda.

Peço para você pensar numa mãe grande pelas suas qualidades morais.

Que são a bondade, a piedade, a tolerância e o amor.

Você é capaz de pensar num "guerreiro de luz"?

Não estou pedindo para imaginá-lo.

Mas só para *pensar* nele.

Sabe o que significa "guerreiro"?

Aquele que se joga num ninho de metralhadoras com uma bomba na mão e um punhal nos dentes.

É isso aí, aquele.

E "de luz"?

É o contrário de "do escuro".

Quer dizer simplesmente que é *luminoso*.

Que emite luz.

Que é cheio de luz.

Que é feito de luz.

É isso aí.

De uma pesquisa encomendada pela General Electric junto aos meninos de uma tribo da Papuásia se determinou que até os meninos da Papuásia entendem o que quer dizer "de luz".

Você também deveria saber.

Agora junte "guerreiro" com "de luz".
Um "guerreiro de luz".
Isto é, um *guerreiro luminoso.*
É tão difícil?
E um menino que chora?
Faz ideia do que seja "um menino que chora"?
Sabe o que é um menino?
Aquele que se faz trocar as fraldas.
Aquele que come oito papinhas por dia e deseja que estejam mornas.
Bom.
Agora, tem ideia do que quer dizer "chora"?
Bom.
Agora junte as duas coisas na sua cabeça e você terá "um menino que chora".
Não imagine porra nenhuma.
Apenas *conceitualize.*
Usei o interlocutor macho, neste diálogo sobre a conceitualização, porque as objeções e dúvidas sobre a visualização e a conceitualização sempre me vêm dos garotos.
As garotas são muito mais espertas.
Sabem muito bem o significado de conceitualização.
Fazem-na constantemente.
São supercapazes de visualizar.
Mais ainda, fazem isso continuamente.

Os reforços

A visualização guiada sozinha não é suficiente.
Ela precisa de ajuda durante a sessão.
Ou seja, de *reforços*.
Os *reforços* fazem parte do treinamento.

os* reforços *fazem parte do treinamento

Os reforços são necessários para acelerar o tempo da terapia.
Quanto tempo é necessário para construir uma autoimagem?
Na natureza, o processo de crescimento, transformação de criança em adulto, dura, pelo menos, de dois a três anos, quando não acontece um trauma que o acelere.

Mas nós não temos todo esse tempo.

Somente Freud e os psicanalistas do século passado podiam se permitir tempos tão longos.

Ou melhor, os seus pacientes podiam se permitir, pois pertenciam à burguesia abastada à qual não faltava tempo nem dinheiro.

Hoje, uma psicoterapia que dura mais de seis meses é inaceitável.

Cá entre nós, é até imoral. Porque quer dizer que está errada.

A terapia justa para uma neurose específica deve ter tempos de aplicação que vão de um mês a três meses, em média, com seis meses para os casos particularmente resistentes.[114]

Os tempos longuíssimos das psicoterapias correntes não se devem à imperícia ou à desonestidade dos terapeutas, mas ao fato de que a sua metodologia não é adequada ao tipo de neurose que estão tratando.

Para diminuir o tempo de duração da terapia é necessário, portanto, introduzir *reforços*.

---

[114] Existem, naturalmente, casos incuráveis. Pessoas que adiaram e reforçaram sistematicamente a própria personalidade infantil por mais de cinquenta anos são praticamente impossíveis de curar, dada a enorme força assumida pela sua personalidade infantil. Não é improvável que a neurose inicial se tenha transformado numa verdadeira *psicose*. Que é caracterizada pela perda definitiva das funções cerebrais do autoconhecimento e da autoprogramação.

O que são reforços?
São auxílios da visualização guiada feitos fora da sessão.
Ou seja, durante o dia, recorrer às imagens e conceitos apresentados na visualização guiada.
De forma que o processo de construção do banco de memória relativo à personalidade adulta seja acelerado o máximo possível.
E, portanto, que a personalidade adulta ocorra no menor tempo possível.
Os reforços se relacionam com dois tipos de auxílio.
As imagens ou os conceitos.
E os *mantras*.[115]

os auxílios consistem em imagens ou conceitos e em mantras

As imagens ou conceitos a serem chamados durante o dia serão aqueles mais importantes vivenciados durante a visualização guiada.

---

[115] O *mantra* é uma palavra que se repete verbal ou mentalmente. A técnica mântrica é antiquíssima. Está presente até na tradição cristã: a reza repetida, como a recitação do rosário e de uma litania, constitui um mantra. É muito eficaz porque se grava na memória, ou seja, no inconsciente. Por causa da sugestão, ou, mais frequentemente, da repetição.

Sobretudo as *imagens* ou *conceitos do adulto*, masculino ou feminino, segundo o sexo do sujeito.[116]

No meu treinamento, as imagens ou os conceitos da *Mulher de Luz* ou do *Guerreiro de Luz*.

Essas imagens ou conceitos devem estar presentes o maior tempo possível na sua mente.

Os mantras devem ser recitados frequentemente durante todo o dia.

Mentalmente.

Senão levam você à neurose.

os mantras devem ser recitados mentalmente

Temos dois tipos de mantra.
Um *mantra breve*:

MANTRA BREVE

Eu sou um adulto
Eu sou uma adulta

---

[116] No caso de o sujeito ser uma mulher transexual (legalmente homem, mas psiquicamente mulher), a autoimagem adulta a cujo desenvolvimento ele se dedicará será a de uma mulher fantástica. No caso de o transexual ser um homem (legalmente mulher, mas psiquicamente homem), a autoimagem adulta a cujo desenvolvimento ela se dedicará será a de um irresistível mulherengo. Liberdade para as fantasias sexuais!

Ou, no meu treinamento:

Eu sou um Guerreiro de Luz
Eu sou uma Mulher de Luz

Naturalmente um ou outro, segundo o sexo escolhido por você.
Não os dois juntos, senão vira putaria.
E depois será preciso outra terapia para desatar os nós.
Pessoalmente não tenho a mínima ideia de que terapia seria necessária.
Esse mantra breve é uma espécie de pronta-entrega.
Deve ser repetido muitas vezes durante um dia.
Deve tornar-se um moto-contínuo na sua mente.
Mesmo que se torne um refrão obsessivo.
O mantra deve se tornar um refrão obsessivo.

o mantra deve se tornar um refrão obsessivo

Até mesmo se na repetição se perca o seu significado.
Até se misturados com outros pensamentos.
Está sempre bem.
Porque o inconsciente de qualquer modo o registra.[117]

---

[117] O inconsciente registra qualquer coisa que fazemos, desde pensamentos sublimes até os peidos. Muitas vezes confundindo uns com os outros.

E ele, de qualquer modo, vai adicionando páginas ao banco de memória que constituirá a personalidade adulta.

Mas há um mantra mais longo e mais significativo.

Que será recitado mais vezes durante o dia.

O *mantra da transformação*.

Vale a pena repeti-lo, pois ele é central no treinamento para o desenvolvimento da personalidade adulta.

Repito-o aqui na versão do meu treinamento:

MANTRA DA TRANSFORMAÇÃO

Eu tenho os três poderes do **Guerreiro de Luz***:*
a confiança absoluta em mim mesmo,
a independência total dos outros,
a alegria de viver.

Eu tenho os três poderes da **Mulher de Luz***:*
a confiança absoluta em mim mesma,
a independência total dos outros,
a alegria de viver.

A recitação do mantra da transformação é uma prescrição específica do treinamento para o desenvolvimento da personalidade adulta.

*a recitação do mantra da transformação
é uma prescrição específica
do treinamento para o desenvolvimento
da personalidade adulta*

Esse mantra também deve ser recitado *mentalmente*.

Esses reforços constituem, sim, um empenho, mas são facilmente aplicáveis.

Não requerem uma atitude específica nem uma habilidade particular.

Basta fazê-lo.

O mais importante é associar o mantra à *respiração*.

*a recitação dos mantras
é associada à* respiração

Desse modo, obtém-se uma participação em todo o complexo mente-corpo no processo de assimilação.

Nesse ponto, todavia, é preciso dizer algo sobre a respiração.

A isso é dedicado o próximo capítulo.

A respiração

Eu disse que os mantras devem ser recitados mentalmente e *em harmonia com a respiração.*
Por quê?
Porque associando a recitação mental do mantra à respiração se obtêm três resultados:
1) evitam-se os pensamentos neuróticos negativos;[118]

---

[118] O neurótico infantil, como todos os neuróticos, tem a mente invadida por *pensamentos automáticos involuntários*. E naturalmente eles são, na maior parte, pensamentos negativos, isto é, desagradáveis. É a característica principal da neurose. De todas as neuroses. E assim portadores de *tensão*. A tensão, de fato, sendo *energia* (eletrificação de redes neurais), dá lugar a *trabalho*. Ao pensamento, portanto, que é trabalho. O processo é *automático* e *compulsivo*. Ver o meu livro *Come smettere di farsi le seghe mentali e godersi la vita* [Como deixar de fazer masturbação mental e gozar a vida], citado.

2) desenvolve-se a autoimagem adulta;

3) toma-se o controle da mente (com os mantras) e do corpo (com a respiração).

Essa é a parte da psicoterapia evolutiva que utiliza a disciplina oriental.[119]

O *mantra breve* é recitado de acordo com a respiração deste modo:

MANTRA BREVE

Eu sou (durante a inspiração)
um **Guerreiro de Luz** (durante a expiração)

Eu sou (durante a inspiração)
uma **Mulher de Luz** (durante a expiração)

O *mantra da transformação* deve ser recitado, de acordo com a respiração, do seguinte modo:

---

[119] A "meditação" *Vipassana*, típica da tradição budista antiga (*Teravada*), e o *Pranayama*, da tradição ióguica original (*Raja Yoga*), usam o ato da respiração como objeto de concentração. Na *Dhyana* do *Raja Yoga*, além disso, o uso do mantra é sistemático. Ver o meu livro *La psicologia dello Yoga* [A psicologia do Ioga], citado.

MANTRA DA TRANSFORMAÇÃO

Eu sou	(durante a inspiração)
um Guerreiro de Luz.	(durante a expiração)
Eu tenho os três poderes	(durante a inspiração)
do Guerreiro de Luz:	(durante a expiração)
a confiança absoluta	(durante a inspiração)
em mim mesmo,	(durante a expiração)
a independência total	(durante a inspiração)
dos outros,	(durante a expiração)
a alegria	(durante a inspiração)
de viver.	(durante a expiração)
Eu sou	(durante a inspiração)
uma Mulher de Luz.	(durante a expiração)
Eu tenho os três poderes	(durante a inspiração)
da Mulher de Luz:	(durante a expiração)
a confiança absoluta	(durante a inspiração)
em mim mesma,	(durante a expiração)
a independência total	(durante a inspiração)
dos outros,	(durante a expiração)
a alegria	(durante a inspiração)
de viver.	(durante a expiração)

A respiração deve ser *completa*.

a respiração deve ser completa

No Ocidente, nunca aprendemos a respirar corretamente.

Não se sabe por quê.

Nunca surgiu no Ocidente, de fato, uma técnica específica para a respiração, salvo as mais recentes para a prática esportiva.

No Oriente, a respiração é objeto de estudos desde tempos antiquíssimos.

O ioga dedicou à respiração um capítulo inteiro da sua tradução, o *Pranayama*, que é anterior ao século III a.C.[120]

Com efeito, todas as técnicas de respiração divulgadas hoje no Ocidente são cópias das técnicas orientais.[121]

---

[120] Um selo sigiloso encontrado em Mohenjo Daro, no vale do Indo, no qual é representada uma posição típica ióguica, a *Mulabandhaasana*, foi datado, com o teste de carbono, como sendo da segunda metade do terceiro milênio a.C.

[121] Finalmente, o fato de ensinar as técnicas de respiração oriental criou uma profissão e fundou uma escola terapêutica: http:/www.respiroconsapevole.it/; http://www.suonodiluce.com/pensiero/respirare.htm; http://respirare.org/ecc. (Ver sobre respiração em http:// google.it/.) Aliás, há quem tenha fundado escolas terapêuticas usufruindo simplesmente a técnica do mantra: ver, por exemplo, http:// www.meditazionetrascendentale.it/.

Em particular do *Pranayama*.[122]

Até o mantra combinado com a respiração também é uma técnica essencial do *Ioga*.

Sem pretender realizar o *Pranayama*, que é muito complicado e que não serve aos nossos fins, é bom ter algumas noções sobre a técnica da respiração ióguica completa.

Os pulmões são divididos em três *lobos* ou seções.

Superior (apical), médio (peitoral) e inferior (abdominal).

A respiração comum é limitada à parte abdominal (mais frequentemente) ou à parte apical dos pulmões (respiração típica das gestantes).

Raramente interessa a parte peitoral, que, entretanto, é a maior e, portanto, a mais importante.

Somos forçados a usar a parte peitoral dos pulmões quando praticamos um esporte ou exercemos um esforço.

---

[122] O *Pranayama* é uma fase do *Raja Yoga*, e é descrito no *Yoga Sutra* por Patanjali, o texto ióguico datando provavelmente do século III a.C. Ver o meu livro *La psicologia dello Yoga*, citado. O *Pranayama* é uma técnica muito complexa e extrema: pensa-se que seja possível realizar um só ato respiratório (inspiração, expiração com pausa intermediária) num arco de tempo de cinco minutos ou mais. Por tradição, isso só deve ser praticado sob a orientação de um mestre experiente. De fato, pode ser muito perigoso. O risco é se destruir com as próprias mãos. Mesmo com as mãos nos bolsos.

De outra forma, não conseguiríamos efetuar a mudança de oxigênio necessária e morreríamos asfixiados.

Tradicionalmente, na prática ióguica, se realiza a respiração completa.

Com ela enchemos sucessivamente os lobos inferior, médio e superior.

E os esvaziamos na mesma ordem.

Inicia-se sempre por baixo.

Isso não é taxativo, naturalmente.

Todavia, é mais conveniente começar do alto.

Por quê?

Porque, na realidade, não é expandindo os pulmões que se respira.

Não são os músculos intercostais que provocam a expansão dos pulmões.

Mas os movimentos do *diafragma*.

O diafragma é o músculo estriado, sob os pulmões, que separa a cavidade torácica da abdominal e que funciona como a tampa de uma lata que se move para cima e para baixo.

É o diafragma que empurra para cima os pulmões, esvaziando-os, ou os enche, puxando-os para baixo.

De ar, naturalmente.

O que faz expandir os pulmões, na realidade, é a *pressão do ar*.

Por isso, nas montanhas é difícil respirar.

Pois a pressão atmosférica é inferior à do nível do mar.

Portanto, a respiração ocorre em decorrência dos movimentos para cima e para baixo do diafragma.

Que está situado sob os pulmões.

Ora, é natural começar por baixo para encher ou esvaziar os pulmões.

Visto que o diafragma se encontra sob e não sobre os pulmões.

Mas não termina aqui.

É preciso falar de outra coisa.

Respira-se pelo nariz.

Não pela boca.

Por quê?

Porque, se você estiver com a boca cheia de pipoca e não quiser mandar uma para os pulmões, deve respirar pelo nariz.[123]

Isso vale quando você faz a mesma coisa, mesmo que não esteja com a boca cheia de pipoca.

O Criador, de fato, destinou o nariz para a respiração e a boca para a alimentação.

Somente em casos excepcionais se faz o contrário.[124]

---

[123] A pipoca nos pulmões eu nunca provei, mas deve ser terrível. Já provei arroz, batatas fritas, sementes de abóbora, mas ainda não provei pipoca. Entretanto, não tenho vontade de provar.

[124] Comentamos sobre o uso impróprio dos orifícios naturais. É certo que se pode sugar a sopa pelo nariz e respirar pela boca, mas é um caso excepcional. Deveria ser assim também para os outros orifícios.

Mas há outra coisa.

Durante a respiração, o nariz deve permanecer completamente *passivo*.

É um lugar de passagem do ar, e pronto.

O que deve ser ativa é a *garganta*.

A garganta deve intervir *ruidosamente* na respiração.

Você deve *expectorar* com a garganta quando respirar.

**durante a respiração,
deve-se expectorar com a garganta**

Essa é a respiração *natural*.

A que fazemos *quando dormimos*.

Isto é, quando a nossa mente consciente não intervém para alterá-la.

Naturalmente o ruído da respiração não deve ser tanto para ser ouvido por todos os fiéis reunidos na igreja para a missa de domingo ou dos torcedores presentes na partida do estádio municipal.

Deve ser de tal maneira para ser ouvido claramente *por você*.

E, possivelmente, só por você.

Senão, no ônibus, você vai chamar a atenção como uma foca sem bilhete.

Ouvir a sua respiração permitirá que você se concentre nisso e mantenha por longo tempo essa concentração.

É suficiente seguir o *som* da sua respiração.

Portanto, em definitivo, a respiração ióguica, que coincide com a respiração natural, tem essas duas características:

1) É *completa* começando por baixo, tanto pela inspiração quanto pela expiração.

2) É *barulhenta*.

A respiração, combinada com a recitação dos mantras, usada no treinamento para o desenvolvimento da personalidade adulta, corresponde com a respiração ióguica.

a respiração usada no treinamento coincide com a respiração ióguica: é completa e barulhenta

Parece difícil, mas com um pouco de exercício torna-se natural.

Usar a respiração ióguica é importante.

Porque permite obter uma coisa fundamental.

Interrompe o fluxo automático e compulsivo dos pensamentos involuntários.

E isso deixa livre o campo da recitação dos mantras.

Que assim ficam completamente assimilados e memorizados.

De fato, o nosso *estado mental* está relacionado com a nossa respiração.

Quando estamos agitados, a nossa respiração é rápida; quando estamos relaxados, a nossa respiração é lenta.

Da mesma forma, a nossa respiração está relacionada ao nosso *estado muscular*.

Quando contraímos o nosso corpo, a respiração é veloz; quando o nosso corpo está relaxado, a nossa respiração é lenta.

Mas vale também a recíproca.

A nossa respiração incide sobre a nossa disposição mental e física.

Porque essa correlação é *sistemática*.

Respiração, corpo e mente são três processos integrados e interagentes entre si.

Uma tensão presente em qualquer um deles corresponde a uma tensão presente nos outros dois e cada um deles é juntamente afetado por causa dos demais.

A coisa pode ser melhor entendida por esse diagrama de fluxo:

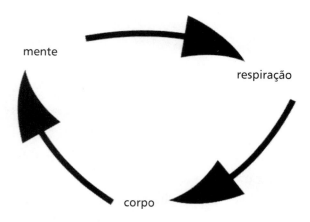

Como se vê do diagrama, cada processo tem uma relação com os demais, o que é conjuntamente uma relação de *condicionante* e *condicionado*.

Logo, podemos obter um estado de relaxamento físico e, consequentemente, um estado de calma mental simplesmente acalmando a nossa respiração.

Porque a respiração é o processo mais simples dos três e, portanto, mais fácil de manter sob controle.

Isso é particularmente importante para os fins da psicoterapia evolutiva.

Porque o mantra, ou melhor, o significado do mantra, incide mais profundamente no inconsciente, ou seja, na memória, num estado de relaxamento físico e de calma mental.

Exatamente como ocorre na visualização guiada.

E a mesma recitação do mantra, de acordo com a respiração, conduz ao relaxamento físico e à calma mental.

Não somente isso.

A concentração da atenção no mantra e na respiração inibe a produção de pensamentos involuntários.

E assim permite uma maior concentração sobre o sentido do mantra.

Que assim incide mais profundamente na memória.

Por essa razão, aconselho os meus pacientes de treinamento afligidos por pensamentos contínuos e compulsivos a recitarem mais vezes o mantra da transformação durante o dia.

O pensamento compulsivo é produto da *tensão*, que é efetivamente um estado de *tensão elétrica* da rede de neurônios do cérebro e do sistema nervoso.

Um bom método de reduzir a tensão é realizar oito respirações profundas até acalmar a respiração.

*um bom método para a redução da tensão
é realizar oito respirações profundas
até acalmar a respiração*

Também isso deve ser feito mais vezes durante o dia.

A concentração na respiração e no significado do mantra constitui a modalidade técnica da recitação do *mantra da transformação*.

*a concentração na respiração
e no significado do mantra
constitui a modalidade técnica
da recitação do* **mantra da transformação**

A recitação mental do mantra da transformação associada à respiração ióguica é parte integrante da psicoterapia evolutiva.

a recitação mental do mantra da transformação associada à respiraçãoióguica faz parte integrante da psicoterapia evolutiva

Constitui uma parte importante que deve ser praticada o mais possível.

Mas há outro fator importante no processo de transformação de criança em adulto.

A experiência.

A experiência

Vimos que, na natureza, a personalidade adulta se constitui por meio da *experiência*.

De fato, no processo natural de crescimento, a autoimagem adulta é o resultado da experiência. E é a experiência que convalida a presença da personalidade adulta.

A construção da autoimagem adulta por meio da psicoterapia evolutiva permite eliminar os sintomas da neurose infantil.

Mas é sempre a experiência que leva à realização definitiva do processo evolutivo da personalidade adulta.

O aporte da psicoterapia evolutiva à evolução individual é criar uma autoimagem adulta que permita conseguir a experiência de adulto.

É um trampolim que permite ao filhote tomar fôlego e se tornar águia.

Mas é a águia que deve voar, e não o trampolim.

é a águia que deve voar, e não o trampolim

Portanto, é o sujeito quem deve fazer a experiência de adulto.

Não o terapeuta.

Presume-se que o terapeuta já a tenha feito.[125]

Já a *prática* dos três poderes que o sujeito desenvolve durante a própria terapia para realizar a sua autoimagem adulta constitui uma importante experiência evolutiva.

Mas, uma vez adquirida uma autoimagem adulta de si, o sujeito deverá colocá-la em prática.

---

[125] Ou melhor, espera-se. O fato de muitos "meninos" se meterem a ser psicoterapeutas por uma necessidade de tratarem a si próprios ou se sentirem o pai eterno é uma anomalia que faz parte do sistema. Como a corrupção dos políticos. Mas é válido também para professores, educadores, assistentes sociais, juízes e tantos outros. Incrivelmente, para todos esses operadores perigosos o Estado realiza exames para verificar os conhecimentos culturais e a existência do HIV (antes de contratá-los, nunca depois), e não faz nenhum exame para apurar a maturidade psicológica ou simplesmente a sanidade mental. Com as consequências que vemos.

O medo é uma masturbação mental

Portanto, deverá realizar uma situação ambiental típica do adulto.

Essa enunciação teórica é confirmada por testemunhos concretos:

> Quanto a se tornar ADULTO (e hoje isso não é pouco), o treinamento dá a possibilidade de fazê-lo, mas é o sujeito quem tem que colocá-lo em prática. Em alguns anos, é possível se tornar ADULTO. Obviamente se vive o ESTADO DE ADULTO, o que significa simplesmente enfrentar a solidão e se manter economicamente, e não continuar com os genitores e ser mantido por eles. (Mark8Fi, 20 de janeiro de 2009, fórum do site http://www.giuliocesaregiacobbe.org.)

O estado de adulto é caracterizado, como já vimos, por duas condições:

A *autonomia* e a *capacidade de sobrevivência*.

Você deverá, portanto, afastar-se dos seus genitores, viver sozinha e manter-se economicamente.

para se tornar definitivamente adulta,
você deve se afastar dos seus genitores,
viver sozinha e se manter
economicamente

O sustento próprio equivale ao que, na natureza, é a *procura pela comida*.

É, portanto, absolutamente necessário encontrar um trabalho.

é absolutamente necessário encontrar um trabalho

Não tem nenhuma importância o tipo de trabalho que você faz para torná-la economicamente independente.

***não tem nenhuma importância o tipo
de trabalho que você faz
para torná-la economicamente independente***

Adotar uma atitude cheia de melindres com relação ao trabalho é infantil.

***adotar uma atitude cheia de melindres
com relação ao trabalho é infantil***

O adulto se adapta a qualquer tipo de trabalho.

o adulto se adapta a qualquer tipo de trabalho

Um trabalho manual, humilde, pode ser muito bom para começar.

um trabalho manual, humilde, pode ser muito bom para começar

Aliás, é muito útil.

Permite aprender a humildade, a resistência às frustrações, a tenacidade, a força e a vontade de lutar.

Aptidões importantes para um adulto.

Tornando-se uma pessoa bem-sucedida, você poderá se vangloriar de ter começado por baixo.

Do zero.

Como muitos.

Nos Estados Unidos da América, quando o país era uma nação de pioneiros, os presidentes de grandes sociedades e até o da República se jactavam de ter tido um início duro.[126]

---

[126] "John Davidson Rockefeller, sênior, filho de um vendedor ambulante, funda a Standard Oil. Ao neto, Nelson, terceiro filho de John Davidson Rockefeller, júnior, o único filho do patriarca, "foi logo inculcada uma ética profunda da responsabilidade: quem deve contribuir para o bem coletivo. Apesar da enorme riqueza da família, ele aprendeu que o dinheiro se ganha trabalhando duramente e que o melhor modo de usá-lo é ajudando o próximo'" (http://biografieonline.it/biografia.htm?BioID=1246&biografia=Nelson+Rockefeller).
"Henry Ford, filho de agricultores de origem irlandesa, depois de haver recebido apenas uma formação elementar, começa a trabalhar como mecânico técnico numa indústria de Detroit" (http://biografieonline.it/biografia.htm?BioID=1246&biografia=Henry+Ford).

Inicialmente, o trabalho tem somente esta função: torná-lo economicamente independente.

inicialmente o trabalho tem somente esta função: torná-lo economicamente independente

E é uma função *fundamental*.
Somente uma vez atingida a independência econômica você pode pensar na carreira.

somente uma vez atingida a independência econômica você pode pensar numa carreira

A vida começa por baixo, e não por cima.
Como os arranha-céus.

Roosevelt frequenta a "escola mais prestigiosa da América, a de Groton, em Massachusetts, um instituto dirigido de modo rígido que lhe dá um ensino severo e rigoroso" (http://biografieonline.it/biografia.htm?BioID=1246&biografia=Franklin+Delano+Roosevelt). Kennedy consegue, aos 24 anos, alistar-se como voluntário na Marinha, apesar de sofrer de osteoporose da espinha dorsal (mal de Addison) e, "enquanto lutava bravamente na Segunda Guerra Mundial, participou de diversas missões no teatro do Pacífico, conseguiu a patente de tenente e comandou uma PT-109 (pequeno e perigosíssimo lança-torpedos)" (http://it.wikipedia.org/wiki/John_Fitzgerald_Kennedy#Infanzia_ed_educazione).

*a vida é como o arranha-céu:
começa-se por baixo,
e não por cima*

Chega-se a general partindo da tropa, e não do Estado-Maior.

De fato, primeiro alguém se torna adulto e depois faz carreira.

O contrário não funciona.

*primeiro alguém se torna adulto e depois
faz carreira; o contrário não funciona*

O fato de se tornar adulto é, certamente, a primeira coisa a fazer na vida.

Todo o resto vem depois.

*se tornar adulto é, certamente, a primeira coisa a
fazer na vida; todo o resto vem depois*

Se você não se torna um adulto, a vida se transforma numa tragédia.

se você não se torna um adulto,
a vida se transforma numa tragédia

A primeira coisa a fazer é *desenvolver a própria personalidade adulta.*
Emancipar-se.
Esse procedimento, que já foi considerado um valor moral e social, hoje perdeu o significado.
Muitos jovens não sabem nem o que significa *emancipar-se.*
Quer dizer *tornar-se independente.*
Primeiro economicamente, depois afetivamente.

há que se tornar econômica e
afetivamente independente

E então encontrar um trabalho, e não ser mantido pelos genitores.
Mas ainda há outra condição experimental necessária à construção da personalidade adulta.
A *solidão.*

a solidão
é a condição necessária
à construção da personalidade adulta

Porque solidão significa *independência afetiva.*

solidão significa independência afetiva

Isto é, *não ter necessidade de ser amada para ser feliz.*
A solidão, terror da criança, é para o adulto a garantia da sua *liberdade.*
A liberdade é, para o adulto, o bem supremo.

a liberdade é, para o adulto, o bem supremo

Liberdade de gerir a própria vida segundo os próprios gostos e interesses.
A necessidade de liberdade é o sinal de que o processo de crescimento para o estado adulto está começando.

a necessidade de liberdade é o sinal de que o processo de crescimento para o estado adulto está começando

Logo, o adulto na sua solidão está muito bem.
Podemos até mesmo usá-la como *teste.*
Quando você for capaz de viver a solidão com prazer, a sua personalidade adulta estará definitivamente enraizada.

quando você for capaz de viver a solidão com prazer, a sua personalidade adulta será definitivamente enraizada

A solidão é, de fato, a *experiência crucial* para o enraizamento da personalidade adulta.
De fato, é a experiência da solidão que realiza completamente a personalidade adulta.
Porque a experiência da solidão traduz em ação real o trabalho psicológico feito com o treinamento.
A solidão é, assim, uma experiência que o sujeito deve fazer para tornar definitiva a própria personalidade adulta.

a solidão é uma experiência que o sujeito deve fazer para tornar definitiva a própria personalidade adulta

De fato, na solidão se realizam os poderes do adulto. Autoestima, independência, alegria de viver.[127]

---

[127] Toda a hagiografia descreve a experiência da solidão como experiência de crescimento interior. Até o Zaratustra de Nietzsche, que representa não o super-homem, mas o adulto (superior à massa dos homens-meninos) que se liberou da necessidade de um genitor (e, portanto, de Deus), apresenta-se como um eremita saído da experiência da solidão.

na solidão se realizam os três poderes do adulto: autoestima, independência, alegria de viver

Sim, alegria de viver, porque a liberdade permitida pela solidão nos permite fazer qualquer coisa.

Por solidão não entendo o retiro ascético numa gruta ou numa floresta.

Embora um dia tenha sido o que tradicionalmente se fazia.

Entendo, como disse, que significa não ter *dependência afetiva*.

Não ter nem cônjuges, nem noivas, nem filhos, nem genitores, nem cães, nem gatos, nem peixinhos-vermelhos de quem depender.

Isto é, não ter *necessidades afetivas*.

A solidão é a liberação das necessidades afetivas.

a solidão é a liberação das necessidades afetivas

E a liberação das necessidades afetivas é uma forma de felicidade.

a liberação das necessidades afetivas é uma forma de felicidade

De outra forma, a vida é um tormento.

Para a criança, a solidão é um inferno insuportável.
Porque ela tem, perenemente, necessidade de *assistência*.
O que, para nós humanos, significa *necessidade de ser amada*.
Mas a satisfação dessa necessidade, como se sabe, é muito difícil de obter.
Quase sempre é impossível.
Daí a infelicidade crônica da criança.
Somente a aquisição da *autoestima* elimina a necessidade de assistência e, portanto, a necessidade afetiva.
É isso que permite viver a solidão como felicidade.
A felicidade da independência afetiva deriva de ter estima por si mesmo e, portanto, de estar centrado em si, e não nos outros.
De não derivar a própria felicidade dos demais, mas somente de si mesmo.
Mas também de ser capaz de enfrentar todas as dificuldades sem o auxílio de ninguém.

é preciso ser capaz
de enfrentar todas as dificuldades sem
o auxílio de ninguém

O que reforça a autoestima.
Essa é a felicidade do autocentramento e da independência e da autoafirmação.

A felicidade do adulto.
Porque o adulto é feliz.

o adulto é feliz

É certo que o adulto não é completo do ponto de vista humano, isto é, *moral*.
Falta-lhe o amor pelos outros.
A dedicação aos outros.
Essa é uma característica própria dos *genitores*.
O adulto é um produto perfeito para a sobrevivência.
De si, mas não do grupo social.
É por isso que o estado de adulto pode ser considerado um estado intermediário na evolução completa do ser humano.
O produto final, do ponto de vista da natureza ou da sobrevivência da espécie, é o *genitor*.
Mas resta o fato de que o estado de adulto constitui um enorme passo adiante na evolução psicológica com respeito ao estado de criança.
Porque o adulto é liberado do estado de sofrimento crônico próprio das crianças.
Em virtude da necessidade inexaurível de assistência e da incapacidade de enfrentar as dificuldades sozinha.
Ser autocentrado, independente e autoafirmado são as grandes conquistas do adulto.

E ser autocentrado, independente e autoafirmado se conquista com a experiência da solidão.

Isso não significa, é certo, que o adulto não tenha uma vida social.

Ao contrário, a vida social do adulto é muito mais intensa do que a da criança.

Que se agarra com algum "genitor" e só anda na companhia dele.[128]

É até mais intensa do que a do genitor.

Que dedica a sua vida às suas crianças e somente a elas.

Os *amigos* são muito importantes para o adulto.

A *amizade*, para o adulto, é sagrada.

a amizade *para o adulto é sagrada*

Pode-se até dizer que somente o adulto é capaz de uma amizade verdadeira.

A literatura clássica é cheia de exemplos nesse sentido.

E também de exaltação e de tratados específicos.

Porque é desinteressada.

A amizade, e não a literatura clássica.

De fato, o adulto não faz amigos para ser amado, assistido ou confortado.

---

[128] Situação típica dos apaixonados ou dos cônjuges "crianças", que se fecham no interior do casal e cortam todas as relações sociais, na ilusão de "bastarem a si mesmos com seu amor".

Ele o faz pelo prazer da amizade.

E porque os amigos lhe dão prazer.

O adulto é o único, entre as três personalidades naturais, a usufruir verdadeiramente da amizade.

Não tendo família, a sociedade é sua vida.

Mas, se a experiência da solidão é a prova crucial para a realização da personalidade adulta, qual é então o papel da psicoterapia evolutiva?

O afastamento dos genitores, a solidão, a sobrevivência e a autoafirmação são *estados existenciais*.

Mas a eles correspondem *estados psíquicos*.

Com eles a criança *se sente* afastada, separada, não mais assistida e, portanto, dependente dos genitores.

Se sente só.

Se sente empenhada em lutar para sobreviver, para dominar o próprio território, para autoafirmar-se.

Se também existissem aquelas condições existenciais, mas ela se sentisse ainda ligada aos seus próprios genitores.

Não se sentisse só, mas ainda protegida por eles.

Não se sentisse obrigada a lutar para se autoafirmar, mas se sentisse ainda assistida pelos genitores.

E, portanto, exonerada dessa obrigação.

Ela não viveria, na realidade, o estado de adulto.

Que permaneceria apenas uma circunstância excepcional privada de enfrentamento psíquico.

Vemos, então, que o estado de adulto é fundamentalmente um *estado psíquico*.

o estado de adulto
é fundamentalmente um estado psíquico

Mesmo que esse estado psíquico seja normalmente o resultado de uma situação existencial.

Mas o que conta é o *resultado*, e não o procedimento.

Se a criança consegue se afastar, separar-se dos genitores, mesmo que apenas *psicologicamente*.

E, portanto, *sentir-se* sozinha, não mais dependente deles, não mais assistida.

E, portanto, *sentir-se* na condição de dever prover a si mesma.

A *sentir-se* empenhada em lutar pela própria autoafirmação, em vez de mediante uma situação existencial, através de um *convencimento* de separação, de solidão e de necessidade de autoafirmação.

Nesse caso, seria possível dizer que os requisitos do estado de adulto estariam efetivamente presentes.

E, assim, o estado de adulto efetivamente realizado.

Então,

o afastamento dos genitores,
a solidão e a autoafirmação
podem ser apenas estados psíquicos

É por isso que a psicoterapia evolutiva consegue obter o resultado de desenvolver a personalidade adulta até na ausência de solidão e de emancipação.

Mas como a psicoterapia evolutiva opera no nível psíquico?

Qual é a sua dinâmica?

Vamos ver no próximo capítulo.

A dinâmica da psicoterapia evolutiva

Num *estado psíquico*, interagem três mundos: 1) o mundo da realidade; 2) o mundo da mente consciente; 3) o mundo da memória inconsciente.

O estado psíquico se manifesta, na realidade, com um *comportamento*. Ele se apresenta na *mente consciente*, mas é determinado por um condicionamento inconsciente formando-se na *memória inconsciente*.

É justamente um condicionamento inconsciente aquele que determina o *estado de adulto*, assim como o estado psíquico de criança.

Na *estruturação natural da personalidade adulta*, o condicionamento inconsciente deriva de uma *situação existencial*.

ESTRUTURAÇÃO NATURAL DA PERSONALIDADE ADULTA

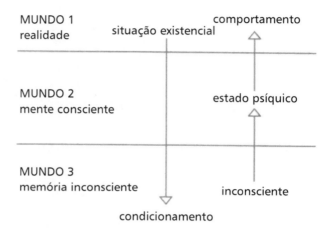

Mas um estado psíquico pode também ser o produto de um *condicionamento consciente*.

E, como um condicionamento consciente, pode determinar um condicionamento inconsciente.

É precisamente um condicionamento consciente em que consiste a estruturação terapêutica da personalidade adulta.

A sugestão terapêutica passa, de fato, pela *mente consciente* para construir o condicionamento inconsciente que dá lugar ao estado psicológico de adulto.

O qual é, nesse caso, o fruto de uma sugestão, e não de uma situação existente.

ESTRUTURAÇÃO TERAPÊUTICA DA PERSONALIDADE ADULTA

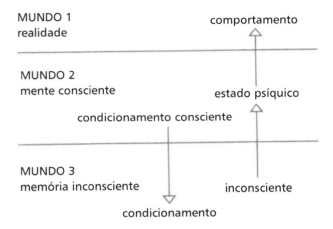

É claro que uma situação existencial de afastamento dos genitores, de solidão e de luta por autoafirmação é um fator formidável de formação do condicionamento inconsciente.

Com a construção da autoimagem adulta por meio de um processo consciente de condicionamento inconsciente, obtém-se, todavia, o mesmo resultado.

A única condição necessária é um *reforço contínuo*.

Que, na situação existencial, é constituído pela *vivência contínua* do estado de adulto.

Analogamente, na construção terapêutica da autoimagem adulta, pode-se fazer atuar uma condição terapêutica da situação existencial do estado de adulto.

É útil ao exemplo a visualização de uma imagem adulta de si mesmo no ato de afastamento dos genitores e de instalação em solidão num lugar que necessita de um empenho de defesa e de ataque visando à sobrevivência, bem como de autoafirmação.

Isto é, a *reprodução imaginativa da situação que se pretende realizar.*

é preciso imaginar a situação que se pretende realizar

A reprodução imaginativa da situação real tende, de fato, a pôr-se na condição de enfrentar a situação real como já vivida.

E, portanto, desenvolve a capacidade de diagnóstico e o tratamento a ser adotado.

Pelo princípio de que o inconsciente, o motor da nossa personalidade e da nossa vida, não distingue entre experiência real e experiência imaginária.

o inconsciente não distingue
entre experiência real e experiência imaginária

É por isso que a psicoterapia evolutiva funciona.

Este livro foi impresso no
Sistema Digital Instant Duplex da Divisão Gráfica da
DISTRIBUIDORA RECORD DE SERVIÇOS DE IMPRENSA S.A.
Rua Argentina, 171 - Rio de Janeiro/RJ - Tel.: (21) 2585-2000